Sammlung
Aufserdeutscher Strafgesetzbücher
in deutscher Übersetzung.

Herausgegeben von der
Redaktion der Zeitschrift für die gesamte Strafrechtswissenschaft.

No. 1. **Das niederländische Strafgesetzbuch** vom 3. März 1881. 1 M. 50 Pf.

No. 2. **Militär-Strafgesetzbuch für das Königreich Dänemark** vom 7. Mai 1881. 1 M. 50 Pf.

No. 3. **Militär-Strafgesetzbuch für das Königreich Schweden** vom 7. Oktober 1881. 1 M. 50 Pf.

No. 4. **Strafgesetzbuch des Staates New-York** vom 26. Juli 1881 (in Kraft seit dem 1. Dezember 1882) Kapitel 676 der Gesetze von 1881. 3 M.

No. 5. **Das norwegische Gesetz über das gerichtliche Verfahren in Strafsachen** v. 1. Juli 1887 (Jurygesetz). 1 M. 60 Pf.

No. 6. **Das italienische Strafgesetzbuch** vom 30. Juni 1889 nebst dem Gesetze über die öffentliche Sicherheit vom 30. Juni 1889. 3 M.

No. 7. **Das Strafgesetz für das Grofsfürstentum Finnland** vom 19. Dezember 1889 nebst Verordnung über die Strafvollstreckung. 2 M.

No. 8. **Das mexikanische Strafgesetzbuch** vom 7. Dezember 1871 gültig für den Bundesdistrikt und das Territorium Niederkalifornien bezüglich der gemeinen Vergehen, u. für die ganze Republik bez. der Vergehen gegen den Bund. 3 M. 50 Pf.

No. 9. **Das norwegische Gesetz, betreffend die Behandlung verwahrloster Kinder** vom 6. Juni 1896. 50 Pf.

No. 10. Vorentwurf zu einem **schweizerischen Strafgesetzbuch** nach den Beschlüssen der Experten-Kommission. 3 M.

No. 11. Entwurf eines **Allgemeinen bürgerlichen Strafgesetzbuches für das Königreich Norwegen.** Ausgearbeitet von dem durch Königliche Entschliefsung vom 14. November 1885 eingesetzten Ausschufs. 4 M.

No. 12. **Das bulgarische Strafgesetz** vom 2. Februar 1896. 2 M. 50 Pf.

(Ersetzt durch No. 20 dieser Sammlung.)

Sammlung

Außerdeutscher Strafgesetzbücher

in Deutscher Übersetzung.

Herausgegeben von den Redaktionen

der

Zeitschrift für die gesamte Strafrechtswissenschaft

und der

Mitteilungen der Internationalen Kriminalistischen Vereinigung.

XXI.

Türkische Strafprozeßordnung.

BERLIN 1905.

J. Guttentag, Verlagsbuchhandlung,

G. m. b. H.

Die Ottomanische Strafprozeſsordnung

veröffentlicht auf Jrade vom 5 Redscheb 1296

(25. Juni 1879)

Übersetzt

von

W. Padel,

Zweitem Dragoman der Kaiserlich Deutschen Botschaft
in Constantinopel.

BERLIN 1905.

J. Guttentag, Verlagsbuchhandlung,

G. m. b. H.

Inhaltsverzeichnis.

II. Buch.

Der Prozeß §§ 132—487.

Die Sammlung aufserdeutscher Strafgesetzbücher enthält bisher die folgenden Übersetzungen als Beilagen zu der **„Zeitschrift f. d. gesamte Strafrechtswissensch."** oder zu den **„Mitteilungen der I.K.V."**:

I. **Niederländisches** St.G.B. v. 3. März 1881 (Zeitschrift Bd. 1).
II. **Französisches** Prefs-Ges. v. 29. Juli 1881 (Zeitschrift Bd. 1).
III. **Österreichisches** Wucher-Ges. v. 28. Mai 1881 (Zeitschrift Bd. 1).
IV. **New-Yorker** St.G.B. v. 26. Juli 1881 (Zeitschrift Bd. 4).
V. **Norwegische** Str.Proz.O. v. 1. Juli 1887 (Zeitschrift Bd. 9).
VI. **Italienisches** St.G.B. u. Ges. betr. öffentl. Sicherheit v. 30. Juni 1889 (Zeitschrift Bd. 10).
VII. **Finnisches** St.G.B. v. 19. Dezember 1889 (Zeitschrift Bd. 11).
VIII. **Mexikanisches** St.G.B. v. 7. Dezember 1871 (Zeitschrift Bd. 14).
IX. **Norwegisches** Ges. betr. verwahrl. Kinder v. 6. Juni 1896 (Zeitschrift Bd. 17).
X. Entwurf z. **Schweizerischen** St.G.B. (Mitt. d. I.K.V. Bd. VI).
XI. Entwurf z. **Norwegischen** St.G.B. (Mitt. d. I.K.V. Bd. VII).
XII. **Bulgarisches** St.G.B. v. 2. Februar 1896 (Zeitschrift Bd. 18).
XIII. **Ungarische** Str.Proz,O. v. 4. Dezember 1896 (Zeitschrift Bd. 19).
XIV. Entwurf z. **Japanischen** St.G.B. (Zeitschrift Bd. 20).
XV. **Chilenisches** St.G.B. v. 1. April 1875 nebst Ergänz.-Gesetz (Zeitschrift Bd. 20).
XVI. **Dänisches** St.G.B, v. 10. Februar 1866. **Dänisches** Ges. betr. Gewalt gegen schuldlose Personen v. 1897 (Zeitschrift Bd. 21).
XVII. **Bulgarische** Str.Proz.O. v. 3. April 1897 (Zeitschrift Bd. 22)
XVIII. **Norwegisches** Militär-St.G.B. u. Militär-Str.Proz.O. und **Norwegische** Str.Proz.O. Änderungs-Ges. v. 1902 (Mitteil. d. I.K.V. Bd. XI).
XIX. **Portugiesisches** St.G.B. v. 16. September 1886 (Zeitschrift Bd. 24).
XX. **Norwegisches** St.G.B. v. 22. Mai 1902 u. **Norwegisches** Ges. gegen Arbeitsscheu u. Trunksucht v. 1900 (Mitt. d. I.K.V. Bd. XII Heft 1).

Einleitung.

§ 1. Die Verhängung gesetzlich festgesetzter Strafen einzuklagen ist im Allgemeinen ein Teil des öffentlichen Rechts. Darum sind einzig und allein die vom Gesetz bestimmten Beamten zuständig, eine solche Klage anzustrengen.*) Das Verlangen von Schadenersatz, welcher durch ein Verbrechen, Vergehen oder eine Übertretung verursacht ist, fällt in das Gebiet des Privatrechts. Daher ist es in die Wahl derjenigen gestellt, welche geschädigt sind, Ersatz zu verlangen, und im Falle eines Mordes das jus talionis geltend zu machen oder nicht.

§ 2. Die öffentliche Klage wird mit dem Tode des Angeklagten eingestellt. Im Fall des Todes des Beklagten im Zivilverfahren steht es dem Kläger frei, gegen die Erben des Verstorbenen das Verfahren fortzusetzen. Sowohl öffentliche Klagen wie Zivilklagen werden hinfällig in Folge von Zeitablauf, wie er in Spezialartikeln dieses Gesetzes näher bestimmt ist.

§ 3. Die Zivilklage wird, verbunden mit öffentlicher Klage, vor demselben Gericht verhandelt. Obgleich aber auch getrennte Verhandlung vor verschiedenen Gerichten stattfinden kann, darf doch nicht über die Zivilklage entschieden werden, so lange nicht der öffentliche Prozeſs, sei es, daſs er während des Zivilprozesses, sei es, daſs er vor demselben angestrengt ist, zu Ende geführt ist.

§ 4. Der Verzicht auf die Zivilklage bildet für die Entscheidung der öffentlichen Klage kein Hindernis.

§ 5. Wenn ein osmanischer Untertan auſserhalb der Grenzen des osmanischen Reiches sich eines Verbrechens schuldig macht, der die Gefährdung der Sicherheit des Landes und die Fälschung von Staatssiegeln, Kurantgeld, Staatspapieren und öffentlichen Schuldverschreibungen, Schatzanweisungen und Banknoten zum Gegenstande hat, so wird, wenn das Strafverfahren nicht im Auslande stattgefunden hat, die strafrechtliche Verfolgung in der Türkei nach den Gesetzen des Landes ins Werk gesetzt.

---

*) Dieser Text ist der offizielle und die auf Anregung der Missionen gemachten Modifikationen, deren Wortlaut mit Pforte-Note vom 8. I. 1881 No. 61 089 mitgeteilt worden ist, figurieren nicht in den späteren Ausgaben — mir liegt eine solche vom Jahre 1313/1896 vor — der Strafprozeſsordnung. Ich gebe die Änderungen daher in Anmerkung. Der Art. I lautet danach vom (*) an: „Ansprüche zivilrechtlicher Art aus einem Verbrechen, Vergehen oder einer Übertretung sind vom Privatkläger geltend zu machen.“ (cf. Zusatz zu § 51).

§ 6. Die im vorigen § angeführten Bestimmungen haben auch Geltung für fremde Untertanen, die sich der Begehung oder Teilnahme der erwähnten Verbrechen schuldig gemacht haben und in der Türkei ergriffen sind, oder deren Vorladung oder Auslieferung verlangt werden kann.

§ 7.*) Wenn ein osmanischer Untertan aufserhalb des osmanischen Reiches gegen einen andern osmanischen Untertanen ein Verbrechen begeht, darauf in das osmanische Reichsgebiet zurückkehrt und erwiesen ist, dafs er wegen des von ihm begangenen Verbrechens im Auslande keine gesetzliche Strafe erlitten hat, dann wird gegen ihn nach dem Gesetz verfahren.

---

*) § 7 ist dahin abgeändert: „Wenn ein osmanischer Untertan aufserhalb des osmanischen Reiches ein Verbrechen begeht und es erwiesen ist, dafs er die gesetzliche Strafe noch nicht erlitten hat, so wird auf Antrag des Geschädigten hin im Inlande gesetzlich gegen ihn vorgegangen. Wenn die Tat, deren er sich schuldig gemacht hat ein Vergehen und nach den Gesetzen am Ort der Tat strafbar ist, so wird der Täter auf Antrag des Geschädigten bestraft. Wenn ein Nicht-Osmane im Auslande, der ein Verbrechen oder Vergehen gegen einen Osmanen begangen hat, sich in der Türkei aufhält, so wird gegen ihn ebenfalls in der angegebenen Weise vorgegangen.“ In der Handausgabe der St.P.O, ist auch diese Änderung nicht aufgeführt. (cf § 1 Anm.)

I. Buch.

Gerichtliche Polizei und deren Ausführungsorgane.

I. Teil.

Gerichtliche Polizei.

§ 8. Die gerichtlichen Polizeibeamten sind verpflichtet, strafbaren Handlungen nachzuforschen, Beweismaterial zu sammeln, die Übeltäter festzunehmen und sie an die zuständigen Strafgerichte abzuliefern.

§ 9. Die Obliegenheiten der gerichtlichen Polizei werden unter Aufsicht der Strafgerichte für Verbrechen und in Gemäfsheit der weiter unten ausgeführten Spezialbestimmungen durch die (**) Kaimakame (Landräte), Mudire (Amtsvorsteher), Polizeikommissare, Staatsanwälte, Untersuchungsrichter, Polizeioffiziere, Dorfschulzen, Mitglieder der Dorfältesten-Versammlung, Dorf- und Feldhüter wahrgenommen.

§ 10. Die Valis, Mutessarifs, der Stadtpräfekt und der Polizeiminister in Konstantinopel haben die zur Aufdeckung strafbarer Handlungen nötigen Untersuchungen entweder selbst oder durch Vermittlung der Polizeiorgane, die je nach dem Grade der strafbaren Handlung zuständig sind, vorzunehmen. und die Täter an die kompetenten Gerichte übergeben zu lassen.

II. Teil.

Der Kaimakam, Mudir und die Polizeikommissare.

§ 11. Die Polizeikommissare und in Kasas, wo solche nicht sind, der Kaimakam oder Mudir haben Recherchen über strafbare Handlungen jeder Art von der Kategorie der Übertretungen anzustellen, Anzeigen und Beschwerdeschriften entgegenzunehmen und ein Protokoll aufzunehmen über Art, Grund, Ort und Zeit der Tat, Beweise und Indizien. Die erwähnten Beamten haben auch im Notfall in Straftaten, deren Aufdeckung zur Kompetenz der Wald- und Dorfhüter gehört, die erwähnten Untersuchungshandlungen vorzunehmen.

**) von hier an lautet der abgeänderte §: die Staatsanwälte, die Untersuchungsrichter, die Kaimakame (der Kasas), die Mudire der Nahien, die Polizeikommissare und -offiziere und die Mitglieder der Dorfältesten-Versammlung wahrgenommen.

§ 12. Die Polizeikommissare in den in verschiedene Polizeidistrikte geteilten Kasas haben allgemein innerhalb der Kasas, in dem sie sich befinden, bezüglich der vorkommenden Übertretungen die Gerichtspolizei auszuüben und auch, wenn aufserhalb des speziellen Bezirks, in dem sie angestellt sind, eine Übertretung vorkommt, sind sie dieser Pflicht nicht enthoben.

§ 13. Wenn in einem Kasa ein Polizeikommissar infolge triftiger Gründe in seinem Amtsbezirk nicht gegenwärtig ist, so hat ihn der Kommissar des Nachbarbezirks zu vertreten; dabei darf er die Erledigung der notwendigen Amtshandlungen nicht unter dem Vorwand hinausschieben, dafs sein Bezirk nicht der nächst zuständige, oder dafs die Abwesenheit des betreffenden Beamten gesetzlich nicht begründet ist.

§ 14. Wenn der einzige Polizeikommissar in einem Kasa oder einer Nahie gesetzlich verhindert ist, so hat seine Funktion der betreffende Kaimakam oder Mudir wahrzunehmen.

III. Teil.

Dorf- und Waldhüter und Forstbeamte.

§ 16. Die Dorf- und Waldhüter haben die Land- und Forstvergehen und Übertretungen, die in dem ihrer Aufsicht unterstellten Bezirk vorkommen, festzustellen und ein Protokoll über die Art der strafbaren Handlung, die Motive, die Zeit, den Ort, die Beweise und die Indizien aufzunehmen. Sie haben gestohlene Sachen zu suchen, an sich zu nehmen und zu verwahren.*) Jedoch können sie nur, wenn ein Muchtar oder einer vom Dorfältestenrat, ein Polizeikommissar, ein Kaimakam oder Mudir zugegen ist, Häuser, Läden, Fabriken oder andre Gebäude und deren von Mauern umgebene Dependenzen betreten; das darüber aufgenommene Protokoll müssen sie von den Anwesenden unterschreiben oder untersiegeln lassen. Personen, die sie bei Begehung einer mit Gefängnis oder einer noch härteren Strafe bedrohten strafbaren Handlung antreffen und solche Personen, auf welche sie mit öffentlichem Tumult hingewiesen werden, haben sie festzunehmen und der Dorfältesten-Versammlung, dem Kaimakam oder dem Mudir zu überliefern. Hierfür können sie des Kaimakams oder Mudirs Mithilfe in Anspruch nehmen und diese sind solche zu leisten verpflichtet.

§ 17. Da die Dorf- und Waldhüter zu den gerichtlichen Hilfsorganen gehören, so unterstehen sie der Aufsicht des Staatsanwalts

---

*) Für Artikel 16 von * an und den Art. 17 ist folgende Fassung getreten: Das darüber aufgenommene Protokoll haben sie dem Staatsanwalt des nächsten Ortes oder seinem Stellvertreter oder einem andern polizeilichen Hilfsorgan des Gerichts sofort zu übergeben. Haben sie kein Protokoll aufgenommen, so haben sie den Sachverhalt sofort mündlich bekannt zu geben. Ihre schriftlichen oder mündlichen Angaben haben den Wert von Anzeigen. Ihre Würdigung auf Zuverlässigkeit ist Sache des Gerichts.

beim Gericht erster Instanz des Kasas, unbeschadet ihres Dienstverhältnisses in administrativer Beziehung.*)

§ 18. Die Hüter von Wäldern, die dem Staat, einer Gemeinschaft oder einer wohltätigen Anstalt gehören, haben innerhalb der im § 15 angegebenen Frist das von ihnen aufgenommene Protokoll den Waldbeamten und mangels dieser dem nächsten Regierungsbeamten zu übergeben; dieser wiederum hat es innerhalb einer Woche dem Staatsanwalt des Gerichts erster Instanz zu übersenden.

§ 19. Die Waldbeamten haben Personen, welche angeklagt oder mit ihrem Vermögen haftbar sind, vor das Gericht erster Instanz des Kasas zitieren zu lassen.

IV. Teil.

Die Staatsanwälte.

1. Kapitel.

Pflichten der Staatsanwälte bei dem Gerichte I. Instanz und ihrer Substitution gegenüber der gerichtlichen Polizei.

§ 20. Die Funktion der Staatsanwälte besteht darin, alle strafbaren Handlungen vom Grade von Verbrechen oder Vergehen zu untersuchen und festzustellen, und gegen die Täter den Prozeſs anzustrengen.

§ 21. Bei Ausübung der im vorigen § angegebenen Funktionen sind in gleicher Weise die Staatsanwälte des Ortes, an dem ein Verbrechen oder Vergehen begangen ist, desjenigen, an dem der Täter seinen Wohnsitz hat, oder endlich desjenigen, an dem er ergriffen ist, zuständig.

§ 22. Wenn auſserhalb des osmanischen Reiches ein Verbrechen oder Vergehen begangen wird, so werden in den Fällen der §§ 5, 6, 7 die erwähnten Funktionen von dem Staatsanwalt des ursprünglichen Wohnsitzes des Angeklagten, von dem des Ergreifungsortes oder von dem des letzten Wohnsitzes ausgeübt.

§ 23. Die Staatsanwälte und andre gerichtliche Hilfsorgane sind berechtigt, bei Ausführung ihrer Amtshandlungen bewaffnete Macht zu verlangen und mit sich zu nehmen.*)

§ 24. Im Falle der Behinderung des Staatsanwalts hat ihn ein auf Befehl des Gerichtspräsidenten ernannter Beisitzer oder Hilfsrichter zu vertreten. Dagegen kann ein Beisitzer, der vorübergehend mit der Führung von staatsanwaltlichen Funktionen betraut ist, in derselben Sache nicht auch als Beisitzer mitwirken.

---

*) Nachträglicher Zusatz zu diesem §: Die Staatanwälte haben im Fall eines Verbrechens auſser der Ausführung ihrer Obliegenheiten dem Staatsanwalt bei dem Gericht 2. Instanz den Tatbestand zu melden und dessen Befehle auszuführen. Die Staatsanwälte können sich bei der Ausführung ihrer Obliegenheiten der Polizeikommissare und -offiziere bedienen.

§ 25. Die Staatsanwälte haben die Beschlüsse der Untersuchungsrichter nach der im Abschnitt „die Untersuchungsrichter"*) angegebenen Bestimmungen zuzustellen und weiterzugeben.

2. Kapitel.
Über die Ausführung der Beamtenpflichten der Staatsanwälte.

§ 26. Jeder Beamte hat die Pflicht, Verbrechen oder Vergehen, die während seiner Amtszeit vorkommen und zu seiner Kenntnis gelangen, sofort dem Staatsanwalt des Gerichts anzuzeigen, in dessen Bezirk die strafbare Handlung geschehen ist, oder dem Staatsanwalt desjenigen Ortes, an welchem der Täter ergriffen werden kann. Gleichzeitig hat er in dieser Beziehung gesammelte Recherchen, aufgenommene Protokolle und andre Schriftstücke bekannt zu geben und zu überweisen.

§ 27. Jeder, der von Missetaten gegen die öffentliche Ordnung oder gegen Leben und Gut von Privatpersonen Kenntnis erhält, ist verpflichtet, dem Staatsanwalt des Gerichts des Ortes, an welchem die strafbare Handlung stattgefunden hat, oder desjenigen, an dem der Täter ergriffen werden kann, den Sachverhalt mitzuteilen.

§ 28. Denunziationen müssen von dem Denunzianten oder dessen Vertreter, oder, wenn es verlangt wird, von den Staatsanwälten schriftlich aufgesetzt werden, und jede Seite der Denunziationsschrift mufs stets vom Staatsanwalt und dem Denunzianten oder dessen Vertreter unterschrieben werden. Kann oder will der Denunziant oder dessen Vertreter nicht unterschreiben, so mufs dies in der Denuntiationsschrift besonders vermerkt werden. Die Vollmacht mufs stets der Denuntiationsschrift beigefügt sein und der Denunziant kann ein Exemplar der letzteren verlangen.

§ 29. Wenn eine strafbare Handlung vor Augenzeugen begangen ist, und dieselbe zu den mit entehrenden Strafen bedrohten Handlungen gehört,**) dann mufs der Staatanwalt sich sogleich an den Ort der Tat begeben, über die Art der Straftat und Art ihrer Ausführung und die allgemeinen Umstände, sowie über die Aussagen von Personen, welche bei der Tat zugegen gewesen sind, oder über dieselbe Auskunft geben können, ein Protokoll aufnehmen. Der Staatsanwalt ist, obwohl er vor seiner Abreise dem Untersuchungsrichter Mitteilung zu machen hat, doch nicht verpflichtet, dessen Ankunft abzuwarten.

§ 30. Der Staatsanwalt ist berechtigt, wenn er in den im vorigen § angegebenen Fällen ein Protokoll aufnimmt, die Verwandten, Nachbarn und Diener, welche zur Aufklärung des Sachverhaltes befähigt

*) § 50 ff.

**) Entehrende Strafen mudschasat-i-terhibie sind: Todesstrafe, Zwangsarbeit, Festungshaft auf Zeit oder lebenslänglich, mit Stellung an den Pranger, lebenslängliche Verbannung, Aberkennung des Ranges, Amtes und der bürgerlichen Ehrenrechte auf Lebenszeit § 3 St.G.B.

erscheinen, vorzuladen und sie ihre Aussagen unterschreiben zu lassen. Sowohl die gemäfs diesem wie dem vorigen § protokollierten Aussagen haben beide Teile zu unterschreiben, und im Fall der Weigerung ist in dem Protokoll ein entsprechender Vermerk aufzunehmen.

§ 31. Der Staatsanwalt kann bis zum Abschlufs des Protokolls alle in dem Hause oder am Ort des Verbrechens Anwesende verhindern, sich zu entfernen. Wenn die diesem Verbot Zuwiderhandelnden ergriffen werden können, werden sie verhaftet. Ist dies geschehen und der Kontravenient vorhanden, so wird er vorgeladen und verhört, ist er nicht anwesend, so werden in seiner Abwesenheit auf Antrag des Staatsanwalts vom Untersuchungsrichter die gesetzlichen Strafen verhängt. Darauf wird ohne weitere Verhandlung oder Aufschub und ohne dafs Beschwerde oder Berufung zulässig ist, das gefällte Urteil vollstreckt, Die in solchen Fällen zu verhängende Strafe darf 3 Tage Gefängnis und 2 Ltq. Geldstrafe nicht übersteigen.

§ 32. Der Staatsanwalt hat Waffen und Gegenstände jeder Art, die bei Begehung des Verbrechens angewendet wurden, ferner Gegenstände, die aus dem Verbrechen entstanden sind und endlich Sachen, die die Feststellung des Sachverhalts zu vermitteln geeignet sind, zu beschlagnahmen und sie dem Angeklagten zwecks Aufklärung des Tatbestandes vorzuzeigen. Das darüber aufgenommene Protokoll ist dem Angeklagten zur Unterschrift vorzulegen. Im Fall der Verweigerung der Unterschrift ist ein entsprechender Vermerk im Protokoll aufzunehmen.

§ 33. Wenn nach Art des Verbrechens anzunehmen ist, dafs die bei dem Angeklagten befindlichen Papiere und Gegenstände Beweismittel zur Aufklärung der Tat sein könnten, so hat sich der Staatsanwalt unverzüglich in die Wohnung des Angeschuldigten zu begeben, um sie danach zn durchsuchen.

§ 34. Wenn Papiere oder Schriftstücke im Hause des Angeklagten sich finden, welche die Gewifsheit der Schuld oder die Notwendigkeit der Freisprechung begründen können, dann hat der Staatsanwalt ein Protokoll aufzunehmen und zugleich die erwähnten Gegenstände zu beschlagnahmen.

§ 35. Die eingezogenen Gegenstände sind, falls es möglich ist, zusammenzubinden und zu siegeln, und wenn darauf zu schreiben nicht angeht, sind sie in einen Kasten oder Sack zu legen, darum ein Band zu schlagen und das Siegel des Staatsanwalts daraufzudrücken.

§ 36. Die in früheren §§ erwähnten Handlungen werden, falls der Angeklagte ergriffen ist, in seiner Gegenwart, und wenn er nicht zugegen sein will oder kann, in Gegenwart eines zu ernennenden Vertreters ausgeführt. Damit die eingezogenen Gegenstände anerkannt oder nötigen Falls unterschrieben werden, sind sie ihm vorzulegen und im Fall der Verhinderung seiner Unterschrift ist ein Vermerk im Protokoll aufzunehmen.

§ 37. Der Staatsanwalt hat im Fall eines mit entehrenden Strafen bedrohten Verbrechens in flagranti die Personen, welche nach untrüglichen Zeichen die Täter sind, wenn sie zugegen sind, festnehmen zu lassen; sind sie es nicht, so hat er eine Vorführung anzuordnen. Das diesen Befehl enthaltende Schriftstück nennt man Vorführungsbefehl, ihsar müsekeressi. Die Denunciation allein kann keinen hinreichenden Grund bilden zum Erlassen des Vorführungsbefehles gegen jemanden, der einen festen Wohnsitz hat. Der Staatsanwalt hat den Vorgeführten sogleich zu vernehmen.

§ 38. Delictum flagrans ist das Delikt, welches gerade ausgeführt wird, oder eben ausgeführt ist. Delikte, welche Personen begangen haben, die infolge von Menschenauflauf oder mit Sachen, Waffen, Werkzeugen und Papieren unmittelbar nach der Tat ergriffen sind, die sicher darauf schliefsen lassen, dafs sie Täter oder Teilnehmer sind, werden ebenfalls zu den flagranten Delikten gerechnet.

§ 39. Die gemäfs der vorigen §§ vom Staatsanwalt aufzunehmenden Protokolle sind vor dem Kommissar oder dem Kaimakam und Mudir des Kasas, in welchem das Delikt begangen ist, oder zwei andern Personen, deren Wohnsitz in diesem Kasa ist, aufzunehmen und von ihnen zu unterschreiben. Der Staatsanwalt ist aber berechtigt, wenn die Verschaffung von Zeugen nicht sogleich möglich ist, das Protokoll auch ohne diese aufzunehmen. Jede Seite des Protokolls mufs aber von dem Staatsanwalt und von den anwesenden Personen unterschrieben werden. Im Fall des Weigerns oder der Unmöglichkeit des Unterschreibens seitens der Anwesenden, ist das im Protokoll zu vermerken.

§ 40. Wenn die Untersuchung des Tatbestandes eines Vergehens oder Verbrechens besondere Kenntnisse und Fertigkeiten erfordert, so hat der Staatsanwalt einen oder zwei Sachverständige hinzuzuziehen.

§ 41. Im Fall der Tötung oder Ermordung jemandes, oder im Fall des Todes jemandes aus unbekannten Gründen hat der Staatsanwalt ein oder zwei Ärzte und Chirurgen zuzuziehen, und diese haben über den Zustand, in dem sich die Leiche befand und die Gründe des Todes ein schriftliches Gutachten abzufassen. Die in den Fällen dieses und des vorigen Artikels vorzuladenden Personen haben vor dem Staatsanwalt zu beschwören, dafs sie ihr Gutachten unparteiisch abgeben und ihre Wahrnehmungen nach bestem Gewissen mitteilen werden.*)

*) In einer mir vorliegenden späteren Ausgabe der St.P.O. findet sich hierzu folgende Anmerkung: Im Fall der Eidesverweigerung soll kein Zwang ausgeübt und die Gutachten („Rapporte“) nicht berücksichtigt werden.

§ 42. Der Staatsanwalt hat das gemäfs den vorigen §§ aufgenommene Protokoll, andre Schriftstücke und eventuell konfiscierte Gegenstände ohne Verzug dem Untersuchungsrichter zu übersenden. Dieser hat nach den Bestimmungen des betreffenden Abschnittes*) das Nötige zu veranlassen. Der Angeklagte indessen bleibt unter Polizeiaufsicht, damit er jederzeit vorgeladen werden kann.

§ 43. Die Bestimmungen über die dem Staatsanwalt obliegenden Pflichten gegenüber den flagranten Delikten finden Anwendung, selbst wenn eine strafbare Handlung nicht zu dieser Kategorie gehört, falls nämlich ein Delikt innerhalb eines Hauses begangen ist und sich der Besitzer dieses Hauses an den Staatsanwalt wendet.

§ 44. Der Staatsanwalt hat aufser den in den §§ 29, 43 angegebenen Fällen, wenn ihm auf dem Wege der Denunziation oder auf sonst eine Weise zu Ohren kommt, dafs innerhalb seines Amtsbezirks ein Vergehen oder ein Verbrechen stattgefunden hat, oder dafs sich der einer solchen Tat Verdächtige innerhalb seines Bezirkes befindet, gemäfs dem Abschnitt „über Untersuchungsrichter“ einem der letzteren die Anordnung einer Untersuchung, nötigenfalls die Abreise an Ort und Stelle und die Aufnahme eines Protokolls zu übertragen.

V. Teil.

Die Hilfsorgane der Staatsanwaltschaft.

§ 45. Der Kaimakam, die Mudire, die Vorsitzenden der Ältestenversammlungen, die Polizeioffiziere und die Kommissare sind verpflichtet, Anzeigen über die innerhalb ihrer Amtsbezirke vorkommenden strafbaren Handlungen entgegenzunehmen.

§ 46. Bei flagranten Delikten und auf Verlangen eines Hauseigentümers haben die im vorigen § erwähnten Beamten ein Protokoll aufzunehmen und die Aussagen der Zeugen zu hören. In den angegobenen Fällen haben sie auch alle Obliegenheiten des Staatsanwalts, wie Durchsuchungen, Lokaltermine und andre Verhandlungen vorzunehmen. Alle diese Verhandlungen sind gemäfs der im Abschnitt über die Staatsanwälte gegebenen Bestimmungen auszuführen.

§ 47. Wenn sich mit den Staatsanwälten die erwähnten Beamten an dem Ort der Untersuchung zusammenfinden, dann haben die ersteren die Handlungen vorzunehmen, welche den polizeilichen Hilfsorganen obliegen. Wenn aber einer von jenen Beamten vorher angekommen ist, und bereits beim Werke ist, dann kann der Staatsanwalt die Verhandlungen selbst zu Ende führen oder den Beamten übertragen.

§ 48. Die erwähnten Beamten haben in den zu ihrer Zuständigkeit gehörigen Fällen die von ihnen aufgenommenen Anzeigen, Protokolle und andre Schriftstücke ohne Aufschub dem Staatsanwalt zu

---

*) § 50 ff.

übersenden. Dieser hat seinerseits sogleich nach Prüfung der Papiere die Ausführung dessen, was eventuell noch nötig ist, dem Untersuchungsrichter zu übertragen.

§ 49. Wenn den Hilfsorganen der Staatsanwaltschaft ein Vergehen oder Verbrechen gemeldet wird, zu dessen Untersuchung sie ohne weiteres nicht befugt sind, so haben sie die Anzeige davon dem Staatsanwalt zu übersenden, der sie mit besonderem Ersuchungsschreiben dem Untersuchungsrichter weitergibt.

VI. Teil.
Die Untersuchungsrichter.
1. Kapitel.
Die Ernennung der Untersuchungsrichter.

§ 50. In jedem Kasa befindet sich ein durch kaiserliches Jrade auf 3 Jahre ernannter Untersuchungsrichter. Seine Amtszeit kann nach 3 Jahren verlängert werden.

§ 51. Die Untersuchungsrichter können aus den Mitgliedern der Gerichte 1. Instanz ernannt werden. Im Fall der Not kann von dem Präsidenten des Gerichts ein Mitglied des Gerichtshofes neben dem eigentlichen Untersuchungsrichter provisorisch mit der Ausführung der Obliegenheiten des Untersuchungsrichters beauftragt werden.*)

Zusatzbeschlüsse, welche der Untersuchungsrichter gemäfs Teil 7—9 erläfst, wie provisorische oder nicht provisorische Haftbefehle, Haftentlassungsbefehle, Beschlüsse über Einstellung des Verfahrens und Haftentlassung des Angeklagten, bedürfen der Bestätigung des betreffenden Gerichtspräsidenten. Der Gerichtspräsident kann provisorische und nicht provisorische Haftbefehle in Übereinstimmung mit dem Gesetz abändern. Die Zurückziehung eines Haftbefehls ist auch Sache des Präsidenten. Gründet sich der Einstellungsbeschlufs des Untersuchungsrichters auf Mangel an Beweisen und hält der Präsident die angestellten Nachforschungen für lückenhaft, oder spricht er sich schriftlich dahin aus, dafs das Material zur Eröffnung des Hauspt-verfahrens ausreichend ist, so ist der Untersuchungsrichter zur Zurücknahme des Einstellungsbeschlusses und zum Erlafs des Eröffnungsbeschlusses verpflichtet.

Hält der Gerichtspräsident die Ausführung von durch den Untersuchungsrichter zu wiederholenden Untersuchungshandlungen bezüglich eines lückenhaften und unbestätigt gebliebenen Beschlusses für nötig und wesentlich, dann kann er gemäfs vorstehendem § 51 einem Beisitzer des Gerichts die Untersuchung übertragen. Indessen beeinträchtigt das dem Gerichtspräsidenten bezüglich der Beschlüsse in der Voruntersuchung zustehende Nachprüfungsrecht in nichts die gesetzmäfsigen Pflichten des Staatsanwalts.

*) Zusatz zu § 51 (cf § 1 Anmerkung): Aber dieses Mitglied darf nicht bei der Hauptverhandlung derjenigen Sache, bei der er als Untersuchungsrichter tätig war, mitsitzen.

Den 20. Rebiulewel H 1303 — 15/27. Dezember 1301/1885.*)

§ 52. Die Untersuchungsrichter stehen bezüglich ihrer Amtspflichten als Hilfsorgane der Staatsanwaltschaft unter der Aufsicht des Staatsanwalts beim Gericht 2. Instanz.

§ 53. Wenn in einem Orte nur ein Untersuchungsrichter vorhanden und dieser krankheitshalber oder aus sonst einem Grunde abwesend ist, dann ernennt der Gerichtspräsident an seiner Stelle ein Mitglied des Gerichts 1. Instanz.

2. Kapitel.
Die Pflichten des Untersuchungsrichters.

1. Bei flagranten Delikten.

§ 54. Die Untersuchungsrichter können im Fall eines flagranten Verbrechens alle Handlungen, welche zu den Pflichten des Staatsanwalts gehören, nach den im Kapitel über die Staatsanwälte und ihre Substituten (muavin) angegebenen Bestimmungen direkt und selbständig ausführen. Um keine Verzögerung eintreten zu lassen, sind sie sogar berechtigt, die Anwesenheit des Staatsanwalts zu verlangen.

§ 55. Wenn vorher ein flagrantes Delikt festgestellt ist, und an den Untersuchungsrichter von dem Staatsanwalt die darauf bezüglichen Akten abgegeben werden, dann hat jener ohne Aufschub an die Prüfung des Erforderlichen zu gehen und ist bei Vorhandensein von Lücken berechtigt, eine erneute Untersuchung vorzunehmen.

2. Die Untersuchung.

1. Allgemeines.

§ 56. Die Untersuchungsrichter haben aufser bei flagranten Delikten von den von ihnen vorgenommenen Untersuchungshandlungen den Staatsanwalt in Kenntnis zu setzen. Der Staatsanwalt kann in jedem Stadium der Untersuchung verlangen, dafs ihm von den erwähnten Handlungen Mittheilung gemacht wird, ist aber verpflichtet, die erhaltenen Akten innerhalb 24 Stunden zurückzugeben. Die Untersuchungsrichter sind aber im Notfall befugt, auch vor dem Antrag des Staatsanwalts Vorladungen und provisorische Haftbefehle ergehen zu lassen.

§ 57. Wenn sich der Untersuchungsrichter persönlich an den Ort der Tat begeben mufs, hat dies in Begleitung des Staatsanwalts und des Gerichtsschreibers zu geschehen.

2. Nebenklagen.

§ 58. Wer sich durch ein Vergehen oder Verbrechen geschädigt glaubt, kann vor dem Untersuchungsrichter sowohl des Orts, an dem

*) Dieser Zusatz befindet sich in den neueren Ausgaben der St.P.O., obwohl er späteren Datums ist, als die auf Veranlassung der Missionen gemachten Änderungen (cf §§ 1, 7, 9, 16, 17, 23, 51, 86, 108, 109, 123, 136, 244), die nicht aufgenommen sind.

die strafbare Handlung begangen ist, als auch desjenigen, an welchem der Angeklagte seinen Wohnsitz hat, oder sich befinden könnte, Nebenklage erheben.

§ 59. Der Staatsanwalt hat die an ihn gerichtete Klageschrift mit einem Antrage dem Untersuchungsrichter zu überweisen. Die an die Substituten und Hilfsorgane der Staatsanwälte gerichteten Eingaben müssen von diesen dem Staatsanwalt weitergegeben werden, welcher sie seinerseits mit seinem Antrage dem Untersuchungsrichter zustellen läfst. Wenn jemand durch eine zur Kategorie der Vergehen gehörige strafbare Handlung geschädigt ist, so kann er in Gemäfsheit der unten angegebenen Vorschriften direkt beim Gericht für Vergehen die Klage einreichen.

§ 60. Die in § 28 über die Denunziationen enthaltenen Bestimmungen gelten auch für die Nebenklagen.

§ 61. Kläger, welche nicht mit einer Klageschrift oder einem nachträglich besonders eingereichten Schriftsatz erklären, dafs sie Nebenklagen erheben oder Schadenersatz verlangen, werden als Privatkläger nicht angesehen und können binnen 24 Stunden die Klage zurücknehmen. Prozefskosten, welche nach der Zurücknahme entstehen, fallen ihnen in diesem Falle nicht zur Last. Jedoch bleibt dem Angeklagten das Recht vorbehalten, von ihnen selbst Schadensersatz zu verlangen.

§ 62. Geschädigte können in jeder Lage des Prozesses bis zum Abschlufs der Verhandlungen als Nebenkläger auftreten; nur wenn das Urteil schon gefällt ist, und sollte dies nur 24 Stunden nach Erhebung des Prozesses ergangen sein, wird die Zurücknahme der Klage nicht angenommen.

§ 63. Wenn der Nebenkläger in dem Kreise, in welchem die Untersuchung geführt wird, nicht wohnhaft ist, dann hat er in demselben einen Wohnsitz zu wählen und diesen in gehöriger Form bei dem Gerichtsschreiber anzumelden. Andernfalls hat er wegen nicht geschehener Zustellungen, deren Ausführung an ihn sonst gesetzlich notwendig wäre, kein Beschwerderecht.

§ 64. Ist der mit einer Sache befafste Untersuchungsrichter nicht derjenige des Ortes der begangenen Tat, des Wohnsitzes oder des möglichen Aufenthalts des Angeklagten, so hat er die Klage dem zuständigen Untersuchungsrichter weiter zu geben.

§ 65. Der zuständige Untersuchungsrichter hat behufs Ausführung der nötigen Prozefsverhandlungen die Klage dem Staatsanwalt abzugeben.

3. *Zeugenverhör.*

§ 66. Der Untersuchungsrichter hat die von dem Angeber, Nebenkläger, Staatsanwalt oder sonst wem benannten Personen, die über stattgefundene strafbare Handlungen und deren nähere Umstände Auskunft geben können, vorzuladen.

§ 67. Die Zeugen werden auf Antrag des Staatsanwalts durch einen Gerichtsdiener oder Gendarmen vorgeladen.

§ 68. Die Zeugen werden in Gegenwart des Gerichtsschreibers und in Abwesenheit des Angeklagten einzeln vom Untersuchungsrichter vernommen.

§ 69. Die Zeugen haben vor dem Verhör die Verhandlung, welche sie behufs Zeugnisablegung erhalten haben, vorzuzeigen und daſs dies geschehen ist, ist im Protokoll zu vermerken.

§ 70. Die Zeugen müssen beschwören, daſs sie die Wahrheit sagen werden, ohne etwas fortzulassen. Die von dem Untersuchungsrichter zu stellenden Fragen über Name und Zuname, Alter, Gewerbe oder Stand, Wohnort, Dienst-, Verwandtschaftsverhältnis zu dem Angeklagten und den Grad des letzteren, sowie die gegebenen Antworten werden zu Protokoll genommen.

§ 71. Das Protokoll ist den Zeugen vorzulesen; wird die aufgenommene Aussage genehmigt, so ist es vom Untersuchungsrichter, Gerichtsschreiber und Zeugen zu unterschreiben oder zu untersiegeln. Können oder wollen die letzteren nicht unterschreiben oder untersiegeln, so muſs dies im Protokoll vermerkt und jede Seite desselben vom Untersuchungsrichter und Gerichtsschreiber unterschrieben werden.

§ 72. Falls die in den obigen drei Paragraphen angeführten Bestimmungen nicht beachtet werden, so kann von dem Gerichtsschreiber eine Geldstrafe von 2 Ltq. erhoben werden. Gegen den Untersuchungsrichter steht nötigenfalls die Beschwerde wegen Rechtsbeugung zu.*)

§ 73. In den Protokollen darf nicht radiert und zwischen den Zeilen geschrieben werden. Ausgestrichene und am Rand hinzugefügte Sätze müssen vom Untersuchungsrichter, Gerichtsschreiber und Zeugen genehmigt und unterschrieben oder untersiegelt werden. Zuwiderhandlungen ziehen die im vorigen Paragraphen erwähnten Strafen nach sich. Zwischen den Zeilen Geschriebenes, Verbesserungen und Randbemerkungen, die nicht genehmigt sind, gelten als nicht vorhanden.

§ 74. Aussagen von Kindern unter 15 Jahren werden als einfache Mitteilungen ohne Vereidigung angeführt.

§ 75. Jeder zwecks Vernehmung Vorgeladene ist verpflichtet vor dem Untersuchungsrichter zu erscheinen und auf die an ihn gerichteten Fragen zu antworten. Erscheint er nicht und gibt er keine Antwort, so kann er dazu gezwungen werden, und zwar in der Weise, daſs der Untersuchungsrichter auf Antrag des Staatsanwalts sofort auf eine Geldstrafe bis zu 4 Ltq. gegen ihn erkennen kann. Gegen diese Entscheidung ist ein Rechtsmittel nicht zulässig, auch bedarf es sonst keiner weiteren Formalitäten. Auch kann zwangsweise Vorführung angeordnet werden.

§ 76. Dem Zeugen, der gemäſs den Bestimmungen des vorigen Paragraphen zum ersten Mal zu einer Geldstrafe verurteilt ist, kann

---

*) § 255 Z.P.O.

wenn er bei der zweiten Vorladung triftige Gründe anführt, die sein Nichterscheinen rechtfertigen, auf Antrag des Staatsanwalts die Geldstrafe erlassen werden.

§ 77. Den Zeugen, die Entschädigung verlangen, sind vom Untersuchungsrichter die tarifmäfsigen Zeugengebühren festzusetzen.

§ 78. Wenn durch Zeugnis eines Arztes oder Sanitätsbeamten feststeht, dafs ein Zeuge krankheitshalber der Ladung nicht Folge leisten kann, so hat sich der Untersuchungsrichter persönlich an seinen Wohnort zu begeben, falls der Geladene am Ort des Untersuchungsrichters wohnhaft ist. Wohnt er an einem andern Orte, so kann das Zeugenverhör vom Untersuchungsrichter dem Muchtar (Ortsvorsteher) übertragen werden. In diesem Falle sind dem letzteren die nötigen Weisungen darüber zu geben, über welchen Punkt die Vernehmung verlangt wird.

§ 79. Wenn der Zeuge aufserhalb des Kasas (Kreises) wohnt, in dem sich der Untersuchungsrichter befindet, so hat dieser den Untersuchungsrichter des betreffenden Kasas zu ersuchen, sich zu dem Zeugen zu begeben und ihn zu vernehmen. Der ersuchte Untersuchungsrichter kann ebenso die Vernehmung der Zeugen, wenn diese nicht in seinem Bezirk wohnen, gemäfs dem vorigen Paragraphen dem Muchtar der betreffenden Orte übertragen.

§ 80. Der Untersuchungsrichter oder Muchtar, welcher nach §§ 78, 79 Zeugen vernimmt, hat das Protokoll versiegelt dem Untersuchungsrichter des zuständigen erkennenden Gerichts zu übersenden.

§ 81. Wenn der Untersuchungsrichter gemäfs den Bestimmungen der vorstehenden Paragraphen sich zu einem Zeugen begibt, und sich herausstellt, dafs dieser nicht in einem solchen Zustande war, um nicht erscheinen zu können, dann ist gegen den Arzt oder Sanitätsbeamten, der gemäfs § 78 ein Attest ausgestellt hat, ein vorläufiger Haftbefehl zu erlassen. Die in diesem Fall zu verhängende Strafe ist auf Antrag des Staatsanwaltes gemäfs der in § 75 angegebenen Weise von dem Untersuchungsrichter des Ortes zu bestimmen, an dem der Zeuge seinen Wohnsitz hat.

4. Schriftliche Beweisstücke und andre Beweismittel.

§ 82. Der Untersuchungsrichter hat zur Ermittlung der Wahrheit Schriften, Gegenstände jeder Art zu durchsuchen, sich auf Antrag des Staatsanwalts oder nötigen Falls aus eigenem Ermessen in das Haus des Angeklagten zu begeben.

§ 83. Der Untersuchungsrichter kann sich, um die Haussuchung vorzunehmen, auch an andre Orte begeben, von denen er glaubt, dafs daselbst Gegenstände der im vorigen Paragraphen erwähnten Art, versteckt gehalten werden.

§ 84. Bei flagranten Delikten kann der Untersuchungsrichter alle diejenigen Handlungen, zu denen der Staatsanwalt nach §§ 32—36 berechtigt ist, ebenfalls vornehmen.

§ 85. Wenn sich zu durchsuchende Papiere oder andre Gegenstände aufserhalb des Kasas des Untersuchungsrichters befinden, so hat dieser zur Ausführung der in den vorigen Paragraphen erwähnten Handlungen den Untersuchungsrichter desjenigen Ortes zu ersuchen, an dem die erwähnten Gegenstände sich voraussichtlich befinden.

VII. Teil.

Vorladungen, Vorführungsbefehle, Haftbefehle.

§ 86. Der Untersuchungsrichter kann sich bei Verbrechen oder Vergehen darauf beschränken, dem Angeklagten eine blofse Vorladung zu schicken. Falls nach Beendigung der Untersuchung die Verhaftung erforderlich erscheint, kann er eine entsprechende Aufforderung und bei Nichterscheinen des Angeklagten den Vorführungsbefehl erlassen.*)

§ 87. Gegen einen auf eine Vorladung nicht erscheinenden Zeugen kann gemäfs § 75 ebenfalls ein Vorführungsbefehl erlassen werden; aufserdem ist Verhängung der daselbst erwähnten Geldstrafe zuläfsig.

§ 88. Die durch Vorladung zitierten Personen müssen sofort, die mit Vorführungsbefehl Vorgeführten spätestens innerhalb 24 Stunden von dem Untersuchungsrichter vernommen werden.

§ 89. Nach der Vernehmung oder bei Flucht des Angeklagten kann, wenn die Tat mit Gefängnis oder einer schwereren Strafe bedroht ist, ein vorläufiger oder definitiver Haftbefehl erlassen werden. Ein vorläufiger Haftbefehl kann aber nur nach vorheriger Anhörung des Staatsanwalts ergehen. Die vorläufige Haft kann höchstens 30 Tage dauern, die definitive Haft dauert bis zur Fällung des Urteils. Während der Untersuchung kann der Untersuchungsrichter auf Antrag des Staatsanwalts, welcher Art auch die Tat des Angeklagten sein mag, den vorläufigen oder definitiven Haftbefehl zurücknehmen. In diesem Fall jedoch hat der Angeklagte auf Verlangen Sicherheit zu leisten, dafs er bei allen Untersuchungshandlungen zugegen sein und sich behufs Vollstreckung des zu fällenden Urteils vor Gericht einfinden wird. Gegen die Aufhebung des Haftbefehls gibt es keine Beschwerde.

§ 90. Vorladungen, Vorführungs- und Haftbefehle sind von dem Untersuchungsrichter zu unterschreiben und mit dem Amtssiegel zu

---

*) Dieser Artikel ist laut Mitteilung an die Missionen dahin abgeändert: Im Fall eines Vergehens und sofern der Angeschuldigte einen festen Wohnsitz hat, kann sich der Untersuchungsrichter mit der Zustellung einer blofsen Vorladung begnügen; er mufs aber einen Haftbefehl erlassen, falls der Verdacht im Laufe der Untersuchung durch Beweise verstärkt wird. Gegen den auf die Ladung nicht erscheinenden Angeschuldigten, sowie gegen denjenigen, der ohne festen Wohnsitz ist, ist der Vorführungsbefehl zu erlassen. Auch diese Änderung hat in den späteren Ausgaben Aufnahme gefunden. (Cf § 1, 51 Anmerkung.)

untersiegeln. Sie müssen den Namen des Angeschuldigten oder besondere unterscheidende Merkmale mit möglichster Genauigkeit enthalten.

§ 91. Die definitiven Haftbefehle müssen ebenfalls in der im vorigen Paragraphen angegebenen Form abgefafst sein; aufserdem aber mufs die den Haftbefehl verursachende Straftat, sowie der Gesetzesparagraph darin aufgeführt sein, welcher angibt, ob es sich um ein Verbrechen oder ein Vergehen handelt.

§ 92. Ladung, Vorführungs- und Haftbefehl ist durch einen Gerichtsdiener oder Polizeibeamten dem Angeklagten vorzuzeigen und ihm eine Abschrift davon auszuhändigen. Letzteres ist auch in dem Fall nötig, dafs dem in vorläufiger Haft befindlichen Angeklagten ein definitiver Haftbefehl zugestellt werden soll.

§ 93. Die Vorladungen, Vorführungs- und Haftbefehle sind in allen Teilen des Reiches rechtsgültig. Wenn sich der Angeschuldigte aufserhalb des Amtsbezirks des den Haftbefehl erlassenden Untersuchungsrichters befindet, so ist der Angeklagte vor dem Muchtar des Ortes, und in dessen Abwesenheit vor dem dortigen Kommissar oder Polizeioffizier zu führen und diese haben ohne Verzug und Weigerung durch ihre Unterschrift zu bestätigen, dafs der Haftbefehl vorgezeigt worden ist.

§ 94. Wer dem Vorführungsbefehl nicht Folge leistet, oder flüchtig wird, nachdem er sein Erscheinen zugesagt hat, wird zwangsweise vorgeführt und zwar so, dafs der Beamte, welcher den Vorführungsbefehl hat, sich nötigenfalls an die bewaffnete Gewalt des nächsten Ortes wendet. Diese ist verpflichtet, die im Vorführungsbefehl enthaltenen Weisungen auszuführen.

§ 95. Wenn der Angeschuldigte zwei Tage nach dem Datum des Vorführungsbefehles nicht erschienen ist und aufserhalb des Amtsbezirks des Untersuchungsrichters an einem Ort sich befindet, der von dessen Wohnort 5000 m entfernt ist, so braucht die Ausführung des Befehls nicht erzwungen zu werden. In diesem Fall wird der Angeschuldigte vor dem Staatsanwalt des Kasas, in dem er sich befindet, geführt, der einen provisorischen Haftbefehl erlassen mufs, um ihn in das Gefängnis zu setzen. Hat der Angeschuldigte Papier, Werkzeuge und andre Gegenstände, durch die der Nachweis geführt werden kann, dafs er Täter oder Mittäter der Handlung ist, die Ursache zu seiner Festnahme ist, so ist der Haftbefehl auszuführen, wieviele Tage nach dem Datum des Vorführungsbefehles auch vergangen sind, und wo sich auch der Angeschuldigte befinden mag.

§ 96. Der Staatsanwalt hat innerhalb 24 Stunden nach der Ausführung des nach dem vorigen Paragraphen zu erlassenden vorläufigen Haftbefehls den Sachverhalt dem Beamten, der den Vorführungsbefehl erlassen hat, anzuzeigen und das darüber eventuell aufgenommene Protokoll mitzuteilen.

§ 97. Ist der Beamte, der den Vorführungsbefehl ausgestellt und das Protokoll erhalten hat, ein andrer, als der Untersuchungsrichter, so mufs er sämmtliche in seinen Händen befindlichen Akten dem zuständigen Untersuchungsrichter innerhalb 24 Stunden übersenden. Der letztere hat nach den Bestimmungen des § 85 zu verfahren.

§ 98. Der Untersuchungsrichter, welcher direkt oder nach den Bestimmungen des § 85 als ersuchter Richter die Untersuchung vorgenommen hat, mufs Akten, Beweisstücke und das gesammelte Material versiegelt dem Untersuchungsrichter zusenden, an dessen Sitz der Angeschuldigte inhaftiert ist, damit die Untersuchung geführt wird. Darauf sind sämtliche Akten nebst Anlagen und dem Untersuchungsprotokoll dem Untersuchungsrichter, welcher zuerst die Sache betrieben hat, zurückzusenden.

§ 99. Wenn der Untersuchungsrichter, welcher die Sache zuerst betrieben hat, einen definitiven Haftbefehl erlassen hat, so kann er in diesem Haftbefehl vermerken, dafs der Angeklagte in das Gefängnis des Ortes überzuführen ist, an welchem die Untersuchung vorgenommen wird. Wenn von dieser Überführung nichts im Haftbefehl vermerkt ist, so mufs der Angeschuldigte, bis der Untersuchungsrichter gemäfs § 123—128 einen Beschlufs gefafst hat, in dem Gefängnis des Ortes bleiben, wo er sich in Haft befindet.

§ 100. Falls derjenige, gegen welchen der Vorführungsbefehl ergangen ist, nicht aufgefunden werden kann, so mufs dieser Befehl dem Kaimakam (Landrat), dem Mudir (Ortsvorsteher) oder dem Muchtar (Schulzen), je nachdem der Wohnort des Gesuchten ein Kasa, Nahie oder Dorf ist, oder aber dem dort oder in der Umgebung befindlichen Kommissar oder Polizeioffizier vorgezeigt werden. Diese müssen durch ihre Unterschrift bescheinigen, dafs es geschehen ist.

§ 101. Jeder Beamte oder Privatmann ist verpflichtet, diejenigen, die bei flagranten Vergehen ertappt, oder durch Geschrei der Menge verfolgt, oder in andre Verbrechen verwickelt sind, die zu den flagranten gerechnet werden, auch ohne Vorführungsbefehl zu ergreifen und dem Staatsanwalt vorzuführen, falls die Tat mit entehrenden Strafen bedroht ist.

§ 102. Beim Vorzeigen des provisorischen Haftbefehls ist der Angeschuldigte dem Gefängnis des Gerichts 1. Instanz zu übergeben, und der Gefängnisdirektor hat dem Gerichtsdiener oder Polizisten, der den erwähnten Befehl bringt, schriftlich zu bescheinigen, dafs der Angeschuldigte abgeliefert ist.

§ 103. Der Beamte, welcher den provisorischen oder definitiven Haftbefehl zu vollstrecken hat, kann soviel bewaffnete Macht mit sich nehmen, als nötig ist, um den Angeschuldigten zu ergreifen. Soldaten sind von der Station zu requierieren, die der Vollstreckung am nächsten liegt. Der diese Station kommandierende Offizier ist verpflichtet, sich nach den Bestimmungen des Haftbefehls zu richten.

§ 104. Wenn der Angeschuldigte nicht ergriffen werden kann, ist der definitive Haftbefehl an seinem letzten Wohnort zuzustellen. Über den Stand der Untersuchung mufs ein Protokoll aufgenommen werden. Dieses Protokoll mufs in Gegenwart zweier der nächsten Nachbarn des Angeschuldigten, die der Beamte, welcher den Haftbefehl .überbringt, gerade finden kann, angefertigt werden. Diese haben das Protokoll zu unterzeichnen oder zu untersiegeln. Falls sie das nicht können oder wollen, mufs im Protokoll vermerkt werden, dafs das Protokoll ihnen zur Unterschrift vorgelegt worden ist. Der Überbringer des Haftbefehls hat das Protokoll von einem der im § 10 angeführten Beamten beglaubigen zu lassen und eine Abschrift zurückzulassen, darauf ist der Haftbefehl und das Protokoll der Gerichtsschreiberei zu übersenden.

§ 105. Der auf einen provisorischen oder definitiven Haftbefehl hin Festgenommene mufs ohne Verzug dem im Haftbefehl angegebenen Gefängnis zugeführt werden.

§ 106. Wenn der Beamte, der diesen Befehl zu vollstrecken hat, den Angeklagten dem Gefängnisbeamten übergeben und die gemäfs § 102 erforderliche Bescheinigung erhalten hat, dann hat er die über die erfolgte Ergreifung des Angeschuldigten ausgestellten Urkunden der Gerichtsschreiberei des Gerichts 1. Instanz zu übergeben, eine weitere Bescheinigung ausgefertigt zu erhalten und diese beiden Bescheinigungen innerhalb 24 Stunden dem Untersuchungsrichter vorzuzeigen. Der Untersuchungsrichter hat auf beide „gesehen“ zu setzen, zu datieren und zu unterschreiben.

§ 107. Wenn die Bestimmungen, über Vorladung, Vorführungs- und Haftbefehl nicht ausgeführt werden, so ist der Gerichtsschreiber in eine Geldstrafe von mindestens 2 Ltq. zu nehmen. Nötigenfalls können Untersuchungsrichter und Staatsanwalt verwarnt und das Strafverfahren wegen Rechtsbeugung gegen sie eingeleitet werden.

VIII. Teil

Vorläufige Haftentlassung und Bürgschaft.

§ 108. Der Untersuchuchungsrichter kann auf den Antrag des Angeschuldigten und nach Anhörung des Staatsanwalts in allen Fällen die vorläufige Haftentlassung unter der Bedingung verfügen, dafs der Angeschuldigte sich verpflichtet, jederzeit zu erscheinen, um bei den Untersuchungshandlungen zugegen zu sein und die Vollstreckung des zu fällenden Urteils zu sichern. Wenn die strafbare Handlung ein Vergehen ist und das höchste darauf ruhende Strafmafs, zwei Jahre Gefängnis nicht übersteigt, und wenn der Angeschuldigte aufserdem einen festen Wohnsitz hat, dann mufs von Rechts wegen 5 Tage nach seinem Verhör die vorläufige Haftentlassung erfolgen. Diese Bestimmung findet nicht Anwendung gegenüber solchen Angeschuldigten, die wegen eines Verbrechens oder mit Gefängnis von mehr als einem Jahr vorbestraft sind.*)

§ 109. In Fällen, wo die vorläufige Haftentlassung des Angeschuldigten rechtlich nicht notwendig ist, kann er freigelassen werden, falls er nach den Bestimmungen des § 115 eine Kaution stellt. Diese Kaution soll erstens Sicherheit dafür leisten, dafs der Angeschuldigte bei allen Untersuchungshandlungen zugegen sein und durch sein Erscheinen die Vollstreckung des eventuell zu fällenden Urteils ermöglicht wird, zweitens soll sie zur Deckung dienen, a) für die Kosten der Untersuchung, b) für die Auslagen des Nebenklägers, für die Bezahlung der Geldstrafe. Die Höhe der sich so ergebenden Kaution mufs in dem Haftentlassungsbefehl angegeben sein.**)

§ 110. Der Untersuchungsrichter kann, wenn er es aus schwerwiegenden, nach der Haftentlassung zum Vorschein kommenden Gründen für notwendig hält, von neuem einen Vorführungs- oder einen Haftbefehl erlassen; jedoch steht, wenn von der Anklagekammer unter Abänderung des Befehls des Untersuchungsrichters die vorläufige Haftentlassung des Angeschuldigten beschlossen war und das Gericht auf den Antrag des Staatsanwalts den Beschlufs nicht aufhebt, dem Untersuchungsrichter nicht mehr das Recht zu, einen neuen Haftbefehl zu erlassen.

§ 111. Der Angeklagte kann in jedem Stadium der Untersuchung und des Prozesses die vorläufige Haftentlassung beantragen. Der Antrag ist bei dem Gericht einzubringen, vor welchem der Pro-

---

*) Dieser Paragraph ist nach Mitteilung der Pforte an die Missionen (cf § 1 Anmerkung) dahin abgeändert worden: § 108: „Der Untersuchungsrichter kann auf Antrag des Angeschuldigten nach Anhörung des Staatsanwalts und nach Hinterlegung einer Kaution gemäss den nachfolgenden Bestimmungen in allen Fällen, aufser bei Verbrechen, die vorläufige Haftentlassung unter der Bedingung verfügen, dafs sich der Angeschuldigte verpflichtet, jederzeit zu erscheinen, um bei den Untersuchungshandlungen zugegen zu sein und die Vollstreckung des zu fällenden Urteils zu sichern. Diese Bestimmung findet nicht Anwendung, wenn der Angeschuldigte wegen eines Verbrechens oder eines Vergehens mit einem Jahr Gefängnis oder mehr vorbestraft war."

Diese Änderung hat in den neueren Handausgaben der St.P.O. ebenfalls Aufnahme nicht gefunden.

**) Dieser Paragraph ist nach Mitteilung der Pforte an die Missionen (cf Anmerkung 1 § 1) dahin abgeändert worden: § 109: „Die Kaution bezweckt 1. das Erscheinen des Angeschuldigten bei allen Untersuchungshandlungen und seine Anwesenheit bei Vollstreckung des zu fällenden Urteils zu vergewissern, 2. die Deckung folgender Beträge zu gewährleisten; a) der laufenden Ausgaben, d. h. in erster Linie der Kosten der Untersuchung, b) der Entschädigung, die von dem Nebenkläger für seine Auslagen verlangt werden könnte, c) der Geldstrafe, die den Angeschuldigten erwartet, falls er die von ihm eingegangene Verpflichtung nicht inne hält oder flüchtig wird. Die hiernach zu stellende Kautionssumme ist von dem Gericht des Untersuchungsrichters festzusetzen. Die Geldstrafe darf nicht niedriger sein als 2000 Piaster.

zefs schwebt. Der Verurteilte hat sich, wenn er die Haftentlassung beantragen will, um das Urteil gemäfs § 327 anfechten zu können, an das Gericht zu wenden, das auf Gefängnisstrafe erkannt hat.

§ 112. In allen Fällen des vorigen Paragraphen wird zwar auf das blofse Gesuch des Angeschuldigten, masnunalej, Angeklagten, müttehim, oder Verurteilten, mahkjum, nach Anhörung des Staatsanwalts nicht öffentlich beschlossen. Der Angeschuldigte, Angeklagte oder Verurteilte kann aber zur Unterstützung seines Gesuches schriftliche Ausführungen machen.

§ 113. Das Gesuch um vorläufige Haftentlassung ist dem Nebenkläger in Person oder an seinem dauernden oder vorübergehenden Wohnsitz zuzustellen. Er kann sich innerhalb 24 Stunden von der Zustellung an gerechnet, schriftlich äufsern.

§ 114. Gegen das Gesuch um vorläufige Haftentlassung ist innerhalb 24 Stunden Beschwerde oder Berufung zulässig. Diese Frist läuft, wenn das Rechtsmittel gegen den Staatsanwalt geltend gemacht wird, vom Datum des Befehls des Untersuchungsrichters oder des Gerichtsurteils, und wenn es gegen den Angeschuldigten oder Nebenkläger gerichtet ist, vom Tage der Zustellung des erwähnten Befehls oder Urteils an und mufs in das in der Gerichtsschreiberei aufbewahrte besondere Register eingetragen werden. Der Staatsanwalt hat ein Beschwerderecht in Gemäfsheit der im letzten Abschnitt des § 130 angegebenen Art und Fristen.

§ 115. Wenn die vorläufige Haftentlassung des Angeschuldigten, Angeklagten oder Verurteilten durch eine Barkaution bedingt ist, dann mufs das Geld von ihnen oder einem andern hinterlegt werden. Der Betrag ist vom Untersuchungsrichter oder dem Gericht nach Lage der Sache zu bestimmen. Auch kann Bürgschaft einer andern Person angenommen werden, wenn sie dafür eintritt, dafs der Angeschuldigte, Angeklagte oder Verurteilte der Auffordernng zum Erscheinen Folge leistet, und dafs sie entgegengesetzten Falles selbst den bestimmten Betrag bezahlen wird, und wenn feststeht, dafs sie in der Lage ist, der übernommenen Verpflichtung nachzukommen.

§ 116. Bei Kautionsleistung mufs der Betrag der Kasse übergeben werden; der Staatsanwalt hat auf Vorzeigen der Quittung den Haftentlassungsbefehl ausführen zu lassen. Bei Bürgschaftsleistung durch einen Dritten ist der Hafentlassungsbefehl auszuführen, wenn der in der Gerichtsschreiberei aufgenommene Verpflichtungsschein vorgezeigt wird. Bei provisorischer Haftentlassung mit oder ohne Bürgschaft mufs die entlassene Person einen Wohnsitz wählen und darüber eine schriftliche Erklärung in der Gerichtsschreiberei niederlegen.

§ 117. Wenn derjenige, für welchen gebürgt ist, bei allen Untersuchungshandlungen zugegen ist und sich behufs Vollstreckung des gefällten Urteils dem Gericht stellt, dann ist die Kaution gerettet. Wenn er aber ohne triftigen Grund bei einer Untersuchungshandlung wegbleibt, oder behufs Vollstreckung des ihm zugestellten Urteils sich nicht dem Gericht stellt, dann ist der betreffende Teil der Bürgschaftssumme der Kasse verfallen. Nur im Falle der Freisprechung, der gesetzlichen Straflosigkeit, oder der Einstellung des Verfahrens kann zu gunsten desjenigen, für den gebürgt ist, durch Urteil die Rückgabe dieses Teiles der Bürgschaftssumme ausgesprochen werden.

§ 118. Im Fall der Freisprechung, Straflosigkeit des Angeklagten oder der Einstellung des Verfahrens wird der zweite Teil der Kaution auf jeden Fall zurückgegeben. Im Fall der Verurteilung wird sie nach den in § 109 angegebenen Bestimmungen für die Bezahlung der Prozeſskosten und der Geldstrafe herangezogen, der Rest wird zurückgegeben.

§ 119. Der Staatsanwalt muſs sowohl die von der Gerichtsschreiberei auf Grund amtlicher Schriftstücke über die Notwendigkeit der Ausführung des § 117 zu erlassende Bestätigung als auch den Auszug der Bestimmungen des Urteils, welche sich auf den zweiten Teil des § 118 beziehen, entweder von selbst oder auf Antrag des Nebenklägers der Kasse vorzeigen. Wenn die Summe, deren Bezahlung notwendig ist, nicht deponiert ist, muſs sie durch Vermittelung der Kasse eingetrieben werden; nötigenfalls sind gesetzliche Zwangsmaſsregeln zu ergreifen. Die vorher deponierten oder nachher eingezogenen Beträge sind ohne Verzug vom Gericht nach den Bestimmungen des Gesetzes zu verteilen. Alle in dieser Beziehung entstehenden Streitigkeiten werden als die Vollstreckung des Urteils berührend angesehen und in nichtöffentlicher Sitzung entschieden.

§ 120. Wenn jemand, für den ein Bürge angenommen ist, nach vorläufiger Haftentlassung einer Vorladung nicht Folge leistet, so wird je nach Lage des Falls vom Untersuchungsrichter oder vom Gericht gegen ihn ein Haftbefehl erlassen.

§ 121. Der vorläufig aus der Haft entlassene Angeklagte kann auf Gerichtsbefehl sofort wieder verhaftet werden.

IX. Teil.

Die Beschlüsse des Untersuchungsrichters nach Beendigung der Untersuchung.

§ 122. Nach Beendigung der Untersuchung muſs der Untersuchungsrichter dem Staatsanwalt das Resultat derselben übermitteln. Der letztere hat seine Anträge spätestens in 3 Tagen dem Untersuchungsrichter bekannt zu geben.

§ 123. Wenn der Untersuchungsrichter der Meinung ist, daſs die begangene Tat weder ein Verbrechen noch ein Vergehen, noch eine Übertretung ist, oder keinerlei Beweise oder Anzeichen dafür sehen kann, daſs der Angeschuldigte die ihm zugeschobene Tat begangen hat, so hat er durch Beschluſs die Einstellung des Verfahrens auszusprechen. Wenn der Angeschuldigte verhaftet ist, so ist er auf freien Fuſs zu setzen.*)

§ 124. Der Untersuchungsrichter hat, wenn er die Straftat für eine Übertretung hält, den Angeschuldigten dem Gericht I. Instanz des Kasa's (Kreises) zuzusenden. Letzterer ist, wenn er verhaftet ist, auf freien Fuſs zu setzen. Die Bestimmungen dieses und des vorigen Paragraphen dürfen die Rechte des Nebenklägers und die weiter unten angegebenen des Staatsanwalts nicht beeinträchtigen.

§ 125. Ist die strafbare Handlung mit entehrenden Strafen bedroht, so hat der Untersuchungsrichter den Angeschuldigten dem Gericht zu überweisen, ist sie mit Gefängnis bedroht, so bleibt der Angeschuldigte, wenn er schon in Haft ist, vorläufig verhaftet.

§ 126. Ist die strafbare Handlung nicht mit Gefängnis bedroht, so ist der Angeschuldigte auf freiem Fuſs zu belassen, unter der Bedingung jedoch, daſs er am bestimmten Tage vor Gericht erscheint.

§ 127. Im Fall der Überweisung der Strafsache an das Gericht hat der Staatsanwalt alle Strafakten geordnet und nummeriert, innerhalb höchstens 48 Stunden an das zuständige Gericht zu schicken, und wenn es sich um ein Vergehen handelt, den Angeklagten gemäſs der Fristbestimmung des § 160 zum Erscheinen vor Gericht innerhalb 3 Tagen nach der Aufforderung vorladen zu lassen.

§ 128. Wenn der Untersuchungsrichter der Ansicht ist, daſs die strafbare Handlung mit entehrenden Strafen bedroht ist, und die Anschuldigungen genügend erwiesen sind, so hat er anzuordnen, daſs die Akten über die Untersuchungshandlungen, das den Tatbestand der Straftat ergebende Protokoll und sonstige den Beweis des Verbrechens vermittelnde Gegenstände behufs Veranlassung des Nötigen, ohne Verzug vom Staatsanwalt an die Staatsanwaltschaft des zur Entscheidung des Verbrechens zuständigen Gerichts übersandt werden. Die zum Nachweis des Verbrechens dienenden Gegenstände haben vorbehaltlich der Bestimmungen der §§ 210 und 246 bei dem Gericht des Untersuchungsrichters zu verbleiben.

§ 129. In den im vorigen Paragraphen angegebenen Fällen bleibt die Gültigkeit des gegen den Angeschuldigten ergangenen provisorischen Haftbefehls bis zur Entscheidung der Anklagekammer bestehen. Die nach §§ 123—128 vom Untersuchungsrichter zu fassen-

*) Dieser Paragraph ist nach Mitteilung der Pforte an die Missionen (cf § 1 Anmerkg.) durch folgende Fassung ersetzt: „Wenn die Tat weder ein Verbrechen, Vergehen, noch eine Übertretung ist, oder wenn keinerlei Beweis und Anzeichen dafür vorhanden ist, daſs sie vom Angeschuldigten begangen ist, so hat der Untersuchungsrichter durch Beschluſs die Einstellung des Verfahrens und die Notwendigkeit der Haftentlassung des Angeschuldigten, wenn er inhaftiert ist, auszusprechen. Handelt es sich jedoch um ein Verbrechen, so kann der Einstellungsbeschluſs nur vom Untersuchungsrichter bei dem Gericht I. Instanz des Liwa's (Regierungsbezirks) erlassen werden.“ Diese Änderung ist in den Handausgaben der St.P.O. nicht aufgeführt.

den Beschlüsse sind unter den Antrag des Staatsanwalts zu schreiben und müssen enthalten:

Name, Beiname, Alter, Geburts- und Wohnort und Stand des Angeschuldigten, die ihm zur Last gelegte Tat, in abgekürzter Darstellung, zu welcher gesetzlichen Kategorie von strafbaren Handlungen sie gehört, und ob genügend Beweise für die Anschuldigungen vorhanden sind oder nicht.

§ 130. Der Staatsanwalt hat gegen die vom Untersuchungsrichter erlassenen Beschlüsse stets ein Beschwerderecht. Der Nebenkläger hat ein Beschwerderecht gegen die in den Fällen der §§ 109, 123, 124, 126, 431 erlassenen und im allgemeinen seine Nebenklägerrechte berührenden Beschlüsse. Der Angeklagte kann nur gegen die gemäfs § 109 erlassenen Beschlüsse und im Fall des § 431 Beschwerde erheben.

Die Beschwerdeschrift mufs in 3 Tagen eingereicht werden. Die Frist läuft bei der Beschwerde gegen den Staatsanwalt vom Datum des Beschlusses, und bei der Beschwerde des Nebenklägers oder eines nicht verhafteten Angeschuldigten von der Zustellung des Beschlusses an ihren an dem Sitz des Gerichtes gewählten Wohnsitz, für den verhafteten Angeschuldigten von dem Moment an, wo ihm vom Gerichtsschreiber der Beschlufs vorgezeigt ist. Die erwähnte Zustellung und das Vorzeigen des Beschlusses hat binnen 24 Stunden vom Datum des letzteren zu geschehen, Die Beschwerdeschrift ist der Anklagekammer zu überreichen, und diese hat darüber vor allen anderen Sachen sofort zu befinden. Auf die Beschwerde bezügliche Schriftstücke müssen gemäfs § 128 an das Gericht geschickt werden. Der in Haft befindliche Angeschuldigte hat bis zur Beschlufsfassung über die Beschwerde und in jedem Falle bis zum Ablauf der Beschwerdefrist in Haft zu bleiben. Ein Beschwerderecht steht in jedem Fall dem Staatsanwalt bei dem Gericht I. Instanz des Liwa's (Regierungsbezirkes) oder demjenigen bei dem Berufungsgericht zu. Der Staatsanwalt mufs sich in 30 Tagen vom Datum des Beschlusses des Untersuchungsrichters an gerechnet darüber äufsern, ob er Beschwerde einlegt. Der die Haftentlassung des Angeschuldigten betreffende Teil des Beschlusses ist aber in jedem Fall vorläufig vollstreckbar.*)

*) Fassung des § 130 gemäfs der Abänderung vom 6 Schubat 1302.

II. Buch.

Der Prozefs.

I. Abschnitt.

Die Gerichte für Vergehen und Übertretung.

I. Teil.

Die Gerichte für Übertretungen.

§ 132. Die Gerichte erster Instanz des Kasas sind, wie in dem Gerichts-Verfassungs-Gesetz angegeben, zuständig über Übertretungen rechtskräftig und über Vergehen mit Zulassung der Berufung zu entscheiden.

§ 133. Die Gerichte erster Instanz der Kasas haben ausschliefslich über die nachfolgenden Punkte zu entscheiden, nämlich erstens: über innerhalb der Kasas vorkommende strafbare Handlungen, deren Grad im vorigen Paragraphen bestimmt ist; zweitens: über alle Schadens-Ersatz-Prozesse, welche durch die zu ihrer Zuständigkeit gehörenden strafbaren Handlungen veranlafst sind.

I. Kapitel.

Die Art der Entschädigung bei Übertretungen.

§ 134. Wenn beim Gericht I. Instanz der Kasas besondere Staatsanwaltschaftssubstitute nicht vorhanden sind, dann haben die Pflichten der Staatsanwaltschaft die Commissare wahrzunehmen und mangels dieser die Gendarmerie-Offiziere. Sind mehrere Kommissare vorhanden, so hat der Staatsanwalts-Substitut bei dem Gericht I. Instanz des Liwas einen daraus zu dem gedachten Zweck auszuwählen und zu ernennen.

§ 135. Wegen Übertretungen zuzustellende Vorladungen werden auf Antrag des Nebenklägers oder des die Funktionen des Staatsanwalts ausübenden Beamten ausgefertigt. Bei der Zustellung an den Angeschuldigten und an den mit seinem Vermögen Haftbaren wird je ein Exemplar bei ihnen gelassen.

§ 136. Die Ladung kann nicht — unter Zurechnung von je 2 Tagen für jeden Miriameter — auf eine Frist bestimmt werden, welche geringer ist als 24 Stunden. Andernfalls ist sowohl die Ladung, wie auch ein etwaiges Versäumnisurteil, nichtig. Jedoch mufs der Antrag auf Nichtigkeit vor jedem anderen Einwand oder Verteidigungsmittel in der ersten Verhandlung vorgebracht werden. In eiligen Fällen kann die Ladungsfrist abgekürzt und die Parteien sogar zu einer an dem betreffenden Tage selbst festgesetzten Stunde durch Verfügung des Präsidenten geladen werden.*)

§ 137. Den Parteien steht es frei, ohne dafs es einer Ladung bedarf, auf eine gewöhnliche Benachrichtigung hin vor Gericht zu erscheinen.

§ 138. Das Gericht I. Instanz des Kasas kann vor dem Tage der mündlichen Verhandlung auf Antrag des Staatsanwalts oder des Nebenklägers den entstandenen Schaden abschätzen, das Protokoll darüber aufnehmen, sowie alle eiligen Handlungen vornehmen.

§ 139. Erscheint ein Geladener nicht zu der auf der Ladung festgesetzten Zeit vor Gericht, dann ist im Versäumnisverfahren gegen ihn zu verhandeln.

§ 140. Wenn ein im Versäumnisverfahren Verurteilter nicht in der im folgenden Paragraphen angegebenen Frist vor Gericht erscheint, so wird sein Einspruch gegen die Vollstreckung des gegen ihn gefällten Urteils nicht beachtet. Indessen wird das Recht der Berufung und Revision nach den unten angegebenen besonderen Bestimmungen geregelt.

§ 141. Die Beschwerde gegen eine im Versäumnisverfahren ergangene Verurteilung kann unten auf dem Zustellungsschein vermerkt werden, oder sie kann mit besonderem Schreiben eingereicht werden, und zwar innerhalb 3 Tage vom Datum der Zustellung an, welcher Frist für jeden Miriameter je 2 Tage hinzuzurechnen sind. Die Beschwerde enthält ohne Weiteres die Ladung vor Gericht, d. h. der Beschwerdeführer gilt als geladen vor Gericht mit Anmeldung der Beschwerde. In der unmittelbar nach dem Ablauf der festgesetzten Ladungsfrist abzuhaltenden Sitzung zur mündlichen Verhandlung mufs der Beschwerdeführer zugegen sein. Ist er es nicht, so wird die Beschwerde als nicht geschehen betrachtet.

§ 142. Der vor Gericht Geladene kann persönlich erscheinen, oder einen mit Spezialvollmacht versehenen Vertreter schicken.

§ 143. Jeder Prozefs mufs öffentlich verhandelt werden. Eine nicht öffentliche Verhandlung ist nichtig. Die Verhandlung verläuft, wie folgt:

Etwa vorhandene Protokolle werden vom Gerichtsschreiber verlesen. Vom Staatsanwalt oder Nebenkläger geladene Zeugen werden, wenn es nötig ist, verhört. Der Nebenkläger stellt seine Anträge. Der vor Gericht Gezogene verteidigt sich, und wenn er nach dem folgenden Paragraphen das Recht der Zeugenstellung hat, läfst er die Zeugen, welche er zur Stelle gebracht oder hat laden lassen, verhören. Der Staatsanwalt gibt ein kurzes Exposé über den Sachverhalt und stellt seine Anträge. Der Angeklagte kann erwidern. In der Sitzung, in welcher die Verhandlung zu Ende geführt wird und spätestens in der darauffolgenden ist das Urteil zu sprechen.

*) Zusatz hierzu: Jeder Miriameter beträgt 3 Stunden. Diese Entfernung ist durch Zirkularerlafs des Justizministeriums vom 7. Kjanun-i-ssani 1303 noch herabgesetzt. cf. Zeitung Tariq vom 12./24. Oktober 1887.

§ 144. Übertretungen werden durch Protokolle und Schriftstücke, und wenn solche nicht vorhanden, oder zwar vorhanden, aber mangelhaft und nicht klar sind, durch Zeugenbeweis bewiesen. Protokolle und Schriftstücke gehören, bis zur Behauptung der Fälschung, zu den gesetzlich beweissicheren Urkunden, und um ihren Inhalt zu widerlegen, ist Zeugengestellung unzulässig. Auf diese Weise geführter Gegenbeweis gilt als nicht geschehen. Gegen den Inhalt von Schriftstücken und Protokollen, deren Beweissicherheit nicht gesetzlich feststeht, kann auch ohne Behauptung der Fälschung mit Billigung des Gerichts der Gegenbeweis durch Urkunden und Zeugen geführt werden.

§ 145. Die gestellten Zeugen müssen vor Gericht beschwören, dafs sie die Wahrheit sagen und nichts hinzufügen und nichts verschweigen werden. In dieser Form nicht beschworene Zeugenaussagen gelten als nicht vorhanden. Der Gerichtsschreiber hat die Tatsache der Beeidigung, den Namen und Zunamen, Alter, Stand, Wohnort und die entscheidenden Punkte der Aussage zu Protokoll zu nehmen.

§ 146. Vater, Grofsvater, Kinder, Enkel, Bruder und Schwester, Schwägerverwandte in diesen Graden, Gatte und Gattin der Angeklagten, selbst nach der Ehescheidung, werden zum Zeugnis nicht zugelassen. Werden solche Personen vernommen, so ist ihr Zeugnis nur dann als bestehend anzusehen, und zu berücksichtigen, wenn weder Staatsanwalt, noch Nebenkläger, noch Angeklagter dagegen Widerspruch erheben.

§ 147. Zeugen, die der Ladung nicht Folge leisten, können vom Gericht gezwungen werden. Für den Ungehorsam kann auf Antrag des Staatsanwalts für das erste Mal in derselben Sache auf Geldstrafe erkannt und für das zweite Mal ein Vorführungsbefehl erlassen werden zur Herbeiführung des Zeugnisses. *)

§ 148. Wenn ein zum ersten Mal wegen Nichterscheinens in Geldstrafe genommener Zeuge bei der zweiten Ladung gesetzliche Entschuldigungs-Gründe anführt, so kann ihm nach Anhörung des Staatsanwalts die Geldstrafe erlassen werden. Wenn der Zeuge nicht wieder vorgeladen wird, er aber selbst oder sein Vertreter bei der zweiten Sitzung erscheint und gesetzliche Entschuldigungs-Gründe anführt, so kann die Geldstrafe niedergeschlagen werden.

§ 149. Wenn der den Gegenstand der Untersuchung bildende Sachverhalt weder eine Übertretung noch ein Vergehen ist, so annulliert das Gericht Ladungen und andere Prozefs-Handlungen; wird seitens des Angeklagten ein Antrag auf Schadensersatz in dieser Angelegenheit gestellt, so ist darüber zu entscheiden.

§ 150. Liegt der Tatbestand einer Handlung vor, welche mit entehrenden Strafen oder noch härter bedroht ist, so hat das Gericht die Parteien dem Staatsanwalt zu überweisen.

---

*) In der ersten Ausgabe der St.P.O. heifst es „für das 2. Mal auf Gefängnis erkannt werden".

§ 151. Ist die Übertretung des Angeklagten bewiesen, so erkennt das Gericht durch Urteil auf Strafe und zugleich über den Antrag auf Zurückerstattung von Vermögensstücken auf Schadensersatz.

§ 152. Der Angeklagte mufs die Gerichtskosten und die Kosten des Staatsanwalts bezahlen. In dem Urteil ist der Betrag der Kosten anzugeben.

§ 153. Zu jedem Endurteil müssen die Entscheidungsgründe und die der Entscheidung zu Grunde liegenden Stellen des Gesetzes angegeben werden. Ein Urteil ohne diese Erfordernisse ist nichtig. Im Tenor ist auszusprechen, ob gegen das Urteil Berufung zulässig ist oder nicht.

§ 154. Der Urteils-Entwurf ist vom Präsidenten, den Beisitzern und dem Gerichtsschreiber in spätestens 24 Stunden zu unterschreiben. Wenn diese 24 Stunden überschritten werden, so wird der Gerichtsschreiber in eine Geldstrafe von 1 Ltg. genommen, aufserdem kann gegen ihn, den Präsidenten und die Beisitzer das Verfahren wegen Rechtsbeugung eingeleitet werden. *)

§ 155. Der Staatsanwalt und der Nebenkläger haben die Vollstreckung der sie betreffenden Punkte des Urteils zu verlangen.

II. Kapitel.

Berufung gegen Urteile bei Übertretungen.

§ 156. Gegen die vom Gericht I. Instanz des Kasas ergangenen Urteile bei Übertretungen ist Berufung nicht zulässig. Jedoch ist gegen die nach § 4 des Gerichtsverfassungsgesetzes ergangenen Urteile des Gemeinderats der Nahien unter folgenden Bedingungen die Berufung an die Gerichte I. Instanz des Kasas zulässig.

§ 157. Die Berufung hemmt die Rechtskraft des Urteils.

§ 158. Die Berufungsschrift mufs in 10 Tagen, gerechnet vom Datum der Zustellung des vom Nahie-Medschliss gefällten Urteils an den Angeklagten in Person oder an seinen Wohnsitz eingereicht werden.

§ 159. Während der Berufung kann der Staatsanwalt oder die Parteien die nochmalige Vernehmung früherer und die Ladung neuer Zeugen beantragen.

§ 160. Die Bestimmungen der früheren Paragraphen über die Öffentlichkeit des Verfahrens, über die Art der Verhandlung, über die Nieder- und Unterschrift des Endurteils, über die Festsetzung der Kosten und Strafen finden auch in der Berufungs-Instanz Anwendung,

§ 161. Sowohl der Staatsanwalt wie die Parteien können gegen rechtskräftige oder berufungsfähige Urteile die Revision vor dem Temiis-Gericht anmelden. Die Revision mufs in der unten angegebenen Weise und Frist eingebracht werden.

---

*) cf. § 255 C.P.O.

§ 162. Die Gerichte 1. Instanz des Kasas müssen alle 3 Monate ein Register über die von ihnen in Übertretungssachen gefällten Urteile dem Staatsanwalt bei dem Gerichte 1. Instanz der Liwas (Regierungsbezirke) einreichen.

II. Teil.
Die Gerichte für Vergehen.

§ 163. Prozesse über Vergehen werden je nach den im Gerichts verfassungs-Gesetz angegebenen Graden vor den Gerichten 1. Instanz der Kasas und denjenigen der Liwas entschieden. Prozesse über die von den Forstbehörden zur Anzeige gebrachten Forstvergehen werden ohne Unterschied des Grades von dem nächstliegenden Gericht des betreffenden Liwas oder Kasas entschieden.

§ 164. Wenn in den Vilajets die Kollegien der Gerichte I. Instanz der Kasas nicht wenigstens aus 3, und die Kollegien der Gerichte I. Instanz in den Liwa-Hauptstädten aus 5 Mitgliedern bestehen und die in Constantinopel durch Spezialgesetz festgesetzte Zahl nicht erreicht ist, können die Gerichte nicht entscheiden. *)

§ 165. Wenn sich während der Verhandlung vor Gericht ein Vergehen abspielt, so ist vom Präsidenten dieses Gerichts, möge dasselbe auch zur Entscheidung von Zivilprozessen berufen sein, der Vorfall zu Protokoll zu nehmen, der Angeschuldigte und die Zeugen zu verhören und vom Gericht auf die für diesen Fall gesetzlich vorgesehene Strafe sogleich zu erkennen. Für solche Urteile ist nach den dafür geltenden Bestimmungen Berufung zulässig.

§ 166. Wie die Gerichte über Vergehen, deren Aburteilung innerhalb ihrer Kompetenz liegt, sowohl im Wege der Überweisung gemäfs §§ 125, 150 als auch auf den Antrag des Nebenklägers gegen den Angeschuldigten oder den mit seinem Vermögen Haftbaren zu entscheiden haben, so erkennen sie auch in allen Forstvergehen auf den Antrag der Forstinspektoren-Wächter und der obersten Waldhüter. In jedem Fall werden auf Antrag des Staatsanwalts derartige Prozesse entschieden.

§ 167. Der Nebenkläger hat in seinem Gesuch einen Wohnsitz für die Stadt zu bezeichnen, in welcher das Gericht liegt, und anzuführen, worauf er klagt. Dieses Gesuch wird der Klageschrift gleich geachtet.

§ 168. Ein Versäumnisurteil kann nicht ergehen, wenn nicht vom Datum der Zustellung der gerichtlichen Vorladung an den Geladenen selbst oder seinen Wohnsitz 3 Tage verflossen sind, wobei für je zwei Miriameter**) noch 1 Tag***) hinzuzurechnen ist. Wird das Versäumnisurteil trotzdem erlassen, so ist es nichtig, jedoch mufs

*) cf. Aristarchi Bd. II. S. 303.
**) cf. Zusatz zu § 136.
***) Nach der ersten Fassung: für jeden Miriameter 2 Tage.

der Antrag auf Nichtigkeit vor jedem andern Einwand oder Verteidigungsmittel in der ersten mündlichen Verhandlung gestellt werden.

§ 169. Bei Vergehen, die nicht mit Gefängnis bedroht sind, kann der Angeklagte seine Verteidigung einem Vertreter übertragen. Das Gericht kann jedoch auch sein persönliches Erscheinen anordnen.

§ 170. Kommt der Angeklagte der Aufforderung, persönlich zu erscheinen, nicht nach, so kann gegen ihn Versäumnisurteil erlassen werden.

§ 171. Der Angeklagte kann, gerechnet vom Datum der Zustellung des Versäumnisurteils an ihn oder seinen Wohnsitz, innerhalb 5 Tagen — wobei für je 2 Miriameter*) ein Tag**) hinzuzurechnen ist — gegen die Vollstreckung des Urteils Einspruch erheben. Wenn er seinen Einspruch dem Staatsanwalt und Nebenkläger zustellt, so ist das Versäumnisurteil als nichtig anzusehen. Jedoch können die Kosten der Zustellung des Versäumnisurteils und die Beschwerdekosten dem Angeklagten zur Last gelegt werden. Wenn aber das Versäumnisurteil dem Angeklagten nicht in Person zugestellt ist oder nicht feststeht, dafs er von der Vollstreckung des Urteils Nachricht hat, so kann bis zum Ablauf der gesetzlichen Verjährungsfrist für die Strafe selbst der Einspruch angenommen werden.

§ 172. Mit der Übergabe der Einspruchsfrist müssen die Parteien zur Verhandlung am ersten Sitzungstage geladen werden. Wenn der Einspruch-Erhebende dieser Ladung nicht folgt, wird sein Einspruch als nichtig angesehen. Gegen diese Entscheidung gibt es keinen Einspruch mehr; nur ist gemäfs der nachfolgenden Bestimmungen Berufung zulässig. Das Gericht kann jedoch einen Teil der baren Auslagen dem Nebenkläger provisorisch zur Last legen. Dieses Urteil ist sofort vollstreckbar, auch wenn später Berufung eingelegt wird.

§ 173. Die Beweisaufnahme bei Vergehen werden in derselben Weise ausgeführt, wie gemäfs §§ 144—146 bei Übertretungen. Der Gerichtsschreiber hat die Zeugenaussagen und die Erwiderungen des Angeklagten zu Protokoll zu nehmen und die Protokolle sind vom Vorsitzenden des Gerichts innerhalb der für die Urteilsfüllung bestimmten 3 Tage zu zeichnen. Die Bestimmungen der §§ 147, 151 sind bei Vergehen ebenfalls anwendbar.

§ 174. Die Verhandlungen sind öffentlich und anderenfalls als nichtig anzusehen. Der Staatsanwalt, Nebenkläger oder sein Verteidiger, und in Forstvergehen der Forstinspektor und 2 Oberaufseher und mangels derer die Waldhüter haben vor Gericht den Prozefs zu vertreten. Sind Protokolle und Urkunden vorhanden, so sind sie vom Gerichtsschreiber zu verlesen und wenn den Parteien Zeugen zur Seite stehen, sind dieselben, falls es nötig ist, anzuhören. Über

*) cf. Zusatz zu § 136.

**) Nach der ersten Fassung: für jeden Miriameter 2 Tage.

***) cf. hierzu den Artikel des Tariy vom 12./24. Oktober 1887.

Anträge auf Unzulässigkeit des Zeugenverhörs ist zu beschliefsen Gegenstände, welche zum Beweise der Schuld oder Unschuld dienen können, sind den Zeugen und Parteien vorzuzeigen. Der Angeklagte ist zu vernehmen und seine Rechtfertigung, sowie desjenigen, welcher mit seinem Vermögen bürgt, ist anzuhören.

Der Staatsanwalt hat ein Resume zu geben und einen Antrag zu stellen, der Angeklagte und der Bürge haben das Recht der Erwiderung. Das Gericht hat sogleich oder spätestens in der folgenden Sitzung das Urteil zu fällen.

§ 175. Wenn sich herausstellt, dafs der Gegenstand der Klage weder ein Vergehen noch eine Übertretung ist, so sind alle Handlungen gegen den Angeklagten, welche nach der Prozefsordnung vorgenommen sind, für ungültig zu erklären, ohne dafs dem Kläger ein Einspruch zusteht. Gleichzeitig ist über die Schadensersatzansprüche zu befinden.

§ 176. Wenn in einem Prozefs wegen einer Übertretung der Staatsanwalt, der Nebenkläger oder der Angeklagte die Entscheidung nicht vor dem zuständigen Gericht beantragt haben, dann erkennt das Gericht trotzdem auf die nötige Strafe und eventuellen Schadensersatz. In diesem Fall ist die Berufung gegen das Urteil nicht zulässig.

§ 177. Handelt es sich um eine Straftat, welche mit entehrenden Strafen bedroht ist, so kann das Gericht sofort einen provisorischen oder definitiven Haftbefehl erlassen. Der Angeklagte ist dem zuständigen Untersuchungsrichter zu überweisen.

§ 178. Wenn gegen den Angeklagten, den Bürgen oder den Nebenkläger das Urteil gefällt wird, dann ist auch über die Bezahlung der allgemeinen und besonderen Prozefskosten zu entscheiden. Der Betrag der Kosten ist in dem Urteil anzugeben.

§ 179. In den Urteilsgründen müssen die Tatbestandsmomente, welche die Schuld oder Verantwortlichkeit der vor Gericht gezogenen Personen zur Folge haben, ferner die Gründe für die Strafen und zivilrechtliche Haftbarkeit angegeben werden. Der Gesetzesparagraph, auf den sich das Urteil stützt, mufs bei der Urteilsverkündigung verlesen werden. Die geschehene Verlesung und der Gesetzestext mufs im Urteilstenor eingerückt werden. Ist dies nicht nicht geschehen, so ist der Gerichtschreiber in eine Geldstrafe von 1 Ltq. zu nehmen

§ 180. Der Urteilsentwurf mufs von dem Kollegium, das das Urteil gefällt hat, spätestens in 24 Std. unterschrieben werden. Gerichtsschreiber, welche vor der Unterschrift Abschriften des Entwurfes verteilen, werden wegen Urkundenfälschung bestraft. Die Staatsanwälte haben jeden Monat die Urteilsentwürfe nachzusehen und in Fällen der Zuwiderhandlung gegen die Bestimmungen dieses Paragraphen behufs Veranlassung des Nötigen ein Protokoll aufzunehmen.

§ 181. Das Urteil wird auf den Antrag des Staatsanwalts oder Nebenklägers der diesen selbst betreffenden Teile vollstreckt. Die

Einziehung von Geldstrafen und Einforderung von Gegenständen deren Konfiskation im Urteil ausgesprochen ist, wird im Namen der zuständigen Behörden vertretungsweise von dem Staatsanwalt ins Werk gesetzt.

§ 182. Der Staatsanwaltssubstitut ist verpflichtet, innerhalb 15 Tagen nach der Urteilsfällung einen Auszug an den Staatsanwalt beim Berufungsgericht zu übersenden.

§ 184. Das Recht, Berufung einzulegen, haben

1. der Verurteilte oder der Bürge,
2. der Nebenkläger, soweit seine Zivilansprüche in Frage kommen,
3. die Staatsanwälte bei den Gerichten 1. Instanz des Liwa,
4. die Staatsanwälte bei den Gerichten 2. Instanz.

Bei Forstvergehen haben auch die Forstverwaltungen das Recht der Berufung.

§ 185. Wenn mit Ausnahme des Falles des § 167 die Berufung nicht innerhalb 10 Tagen von der Urteilsfällung an gerechnet bei der Gerichtsschreiberei des erkennenden Gerichts angemeldet wird, geht das Recht der Berufung verloren. Bei einem Versäumnisurteil mufs die Berufung innerhalb 10 Tagen, gerechnet vom Tage der Zustellung des Urteils an den Verurteilten selbst oder an seinen Wohnsitz, eingelegt werden, wobei für je 2 Miriameter*) Entfernung 1 Tag hinzugerechnet wird. Nach Ablauf dieser Frist geht das Recht auf Berufung verloren. Das Urteil wird weder während der Berufungsfrist noch auch während der Entscheidung der Berufungsklage vollstreckt.

§ 186. Der die Gründe der Berufung enthaltende Antrag kann innerhalb der erwähnten Frist bei der Gerichtsschreiberei des erkennenden Gerichts niedergelegt werden. Dieser Antrag mufs vom Berufungskläger oder dessen Vertreter unterschrieben werden. Enthält er die Unterschrift des Vertreters, so mufs die Vollmacht beigefügt sein. Der Antrag kann auch direkt bei der Gerichtsschreiberei des Berufungs-Gerichts eingereicht werden.

§ 187. Der Staatsanwalt beim Gericht 2. Instanz mufs sowohl dem Angeklagten wie dem mit seinem Vermögen Haftbaren innerhalb 2 Monaten vom Tage der Urteilsfällung, und wenn ihm von einer Partei ordnungsmäfsig das Urteil zugestellt ist, innerhalb eines Monats von der Zustellung an gerechnet, Nachricht geben, dafs er Berufung einlegt. Mit Ablauf der Frist geht er des Rechts der Berufung verlustig.

§ 188. Wird der Angeklagte freigesprochen, so ist er, selbst wenn Berufung eingelegt wird, sogleich auf freien Fufs zu setzen.

§ 189. Wenn die Berufungsschrift in der Gerichtsschreiberei des Gerichts der ersten Instanz niedergelegt wird, dann darf sie nebst Anlagen nicht länger als 3 Tage zurückbehalten werden, sondern ist

---

*) Nach der neueren Fassung cf. auch § 136 Zusatz.

durch den Staatsanwalt dem Gericht 2. Instanz zu überwiesen. Ist der Verurteilte in Haft, so ist er in der erwähnten Frist auf Befehl des Staatsanwalts in das Gefängnis des Orts, an dem sich das Berufungsgericht befindet, zu überführen.

§ 190. Gegen Versäumnisurteile in der Berufungsinstanz kann in derselben Art und Frist, wie gegen Versäumnisurteile in 1. Instanz Einspruch erhoben werden.

Bei Nichterscheinen des Einspruch-Klägers gilt sein Einspruch als nicht geschehen. Gegen das Urteil auf den Einspruch gibt es nur noch die Revision vor dem Temiis-Gericht.

§ 191. Die Berufungsklage wird innerhalb eines Monats nach dem Referat eines Beisitzers entschieden.

§ 192. Nach dem Verlesen des Referats sind, bevor der Referent und die andern Mitglieder ihre Meinung abgeben, der Angeklagte, mag er verurteilt oder freigesprochen sein, der Bürge, der Nebenkläger und der Staatsanwalt nach den im § 174 angegebenen Bestimmungen zu hören.

§ 193. Bei der Verhandlung in der Berufsinstanz sind alle in den früheren Paragraphen angegebenen auf die Öffentlichkeit der Verhandlung, die Stichhaltigkeit der Beweise, die Fassung und Unterschrift des Endurteils 1. Instanz und die Entscheidung über Prozefskosten und Strafe bezüglichen Bestimmungen gleichfalls anwendbar.

§ 194. Wenn das Berufungsgericht das Urteil abändert, weil die den Gegenstand des Prozesses bildende Handlung weder ein Vergehen noch eine Übertretung ist, so stellt es das Verfahren gegen den Angeklagten ein und entscheidet gleichzeitig über einen etwaigen Ersatzanspruch der letzteren.

§ 195. Wenn das Berufungsgericht das gefällte Urteil aufhebt, weil die den Gegenstand des Prozesses bildende Handlung eine Übertretung ist, so entscheidet es, falls Nebenkläger, Staatsanwalt und Angeklagter nicht die Verweisung der Sache an das zuständige Gericht beantragen, sowohl über die zu verhängende Strafe, wie über Entschädigung, falls eine solche verlangt wird.

§ 196. Wenn das gefällte Urteil aufgehoben wird, weil die den Gegenstand der Verhandlung bildende Handlung mit entehrenden Strafen bedroht ist, dann hat das Berufungsgericht nötigenfalls die provisorische oder definitive Verhaftung des Angeklagten zu verlangen, und nun selbst den Prozefs von Anfang an zu entscheiden, dem Untersuchungsrichter bei demselben Gericht mit der Untersuchung zu beauftragen.

§ 197. Wenn das gefällte Urteil aus Fehlern und Mängeln aufgehoben wird, welche nach der Straf-Prozefs-Ordnung die Aufhebung des Urteils bedingen, so entscheidet das Gericht über die Sache selbst.

§ 198. Der Nebenkläger, Angeklagte, Staatsanwalt und der mit seinem Vermögen Haftende können gegen das Berufungsurteil die Entscheidung des Revisionsgerichts verlangen.

II. Abschnitt.

Die Gerichte für Verbrechen.

I. Teil.

Erhebung der Anklage.

§ 199. Der Staatsanwalts-Substitut beim Gericht 1. Instanz des Liwas hat in 5 Tagen nach Empfang der ihm nach §§ 128, 130 zugestellten Akten die Sache zu ordnen und vorzubereiten und darauf in weiteren 5 Tagen die Anklageschrift fertig zu stellen. In diesen 10 Tagen können Nebenkläger und Angeklagter, ohne daſs die Fertigstellung der Anklageschrift dadurch verzögert werden darf, ihre Bemerkungen schriftlich einreichen.

§ 200. Um den Bericht des Staatsanwalts-Substituts zu verlesen und Beschluſs zu fassen über den Klagepunkt, muſs, wenn es nötig ist, auf Verlangen des Staatsanwalts-Substitutes oder Aufforderung des Präsidenten eine aus 3 Mitgliedern des Gerichts 1. Instanz des Liwas zusammengesetzte besondere Anklagekammer zusammentreten, die nach Verlesung der Anklageschrift über die Anträge des Staatsanwalts-Substituts Beschluſs zu fassen hat. Die Mitglieder der Anklagekammer dürfen bei der Hauptverhandlung gegen die Person, gegen die sie die Erhebung der Anklage beschlossen haben, nicht mitwirken. Andernfalls ist das Urteil nichtig.

§ 201. Der Präsident des Gerichts hat unmittelbar nach der Einreichung der Anklageschrift des Staatsanwalts oder in spätestens 3 Tagen den Beschluſs der Anklagekammer herbeizuführen. Die Kammer ist zur Ausführung des Ersuchens verpflichtet.

§ 202. Gehört der Gegenstand der Anklage zur Zuständigkeit des Revisionshofes, so hat der Staatsanwalt noch vor Abschluſs der Untersuchung die Überweisung der Sache an dieses Gericht zu beantragen und die Anklagekammer hat dem Antrag Folge zu geben.

§ 203. Auſser dem im vorigen Paragraph angegebenen Fall hat die Anklagekammer zu prüfen, ob Beweise oder Indizien dafür vorhanden sind, daſs die dem Angeschuldigten zur Last gelegte Tat gesetzlich zur Kategorie der Verbrechen gehört und, wenn es der Fall ist, ob die Beweise stichhaltig genug sind, um die Anklage zu begründen.

§ 204. Der Gerichtsschreiber hat vor der Anklagekammer in Gegenwart des Staatsanwalts alle auf den Prozeſs bezüglichen Schriftstücke zu verlesen und sie nach ihrer Verlesung nebst vom Nebenkläger und Angeschuldigten gemachten Schriftsätzen der Kammer zu übergeben.

§ 205. Der Nebenkläger, Angeklagte und die Zeugen dürfen niemals vor die Anklagekammer geladen werden.

§ 206. Nachdem der Staatsanwalt die unterschriebene Anklageschrift der Anklagekammer übergeben hat, hat er mit dem Gerichtsschreiber das Sitzungszimmer zu verlassen.

§ 207. Die Kammer hat, ohne sich mit jemandem besprechen zu dürfen, ohne Verzug zu beraten.

§ 208. Die Anklagekammer legt in einem und demselben Masbata (Beschlufs) die Entscheidung über gemeinschaftliche Verbrechen, deren Akten ihr gleichzeitig vorliegen, nieder.

§ 209. Gemeinschaftliche Verbrechen sind:

1. Verbrechen, die von mehreren Personen gleichzeitig begangen sind;
2. Verbrechen, die von verschiedenen Personen, zwar an verschiedenen Orten und zu verschiedenen Zeiten, aber auf eine vorher zwischen ihnen stattgehabte Verabredung hin begangen sind;
3. Verbrechen, die unter gegenseitiger Anstiftung oder Mithilfe oder unter gegenseitiger Begünstigung zwecks Beiseiteschaffens der aus der Tat verlangten Vorteile oder Sicherung der Straflosigkeit begangen sind.

§ 210. Die Mitglieder der Anklagekammer können nötigenfalls die Einziehung neuer Erkundigungen und die Herbeischaffung aller Beweis-Dokumente und -Gegenstände, die bei dem Gericht der früheren Instanz verblieben sind, anordnen.

§ 211. Wenn der Tatbestand eines Verbrechens in der dem Angeschuldigten zur Last gelegten Handlung nicht gesehen werden kann, oder zur Erhebung der Anklage nicht genügende Beweise vorhanden sind, so hat die Angklagekammer die Haftentlassung des Angeschuldigten zu beschliefsen. Dieser Beschlufs hat sofort auch zur Ausführung zu kommen, falls der letztere aus irgend einem andern Grunde nicht in Haft sich befindet. War der Haftentlassungsbefehl vom Untersuchungsrichter erlassen und dagegen Beschwerde erhoben, so ist er zu bestätigen.

§ 212. Stellt sich heraus, dafs die Straftat ein Vergehen oder eine Übertretung ist, dann hat die Anklagekammer die Sache vor das zuständige Gericht zu überweisen und im Übertretungsfalle die Haftentlassung des Angeschuldigten zu verfügen.

§ 213. Ist die Straftat als Verbrechen erwiesen und sind genug Anhaltspunkte zur Erhebung der Anklage vorhanden, so beschliefst die Anklagekammer die Überweisung des Angeschuldigten an das Gericht 1. Instanz des Liwas oder an das Gericht 2. Instanz.

Die Anklagekammer hat unabhängig von dem Befehl des Untersuchungsrichters bezüglich eines jeden der ihr überwiesenen Angeschuldigten und bezüglich einer jeden der durch die Untersuchung festgestellten Straftaten, möge es sich um Verbrechen, Vergehen oder Übertretungen handeln, auf Antrag des Staatsanwalts zu beschliefsen.

§ 214. Im Fall die Anklagekammer die Eröffnung des Verfahrens beschliefst, hat sie einen schriftlichen Haftbefehl zu erlassen. Darin ist aufzuführen: Name, Vorname, Alter, Geburtsort, Stand und Wohnort; die Straftat, wegen der Anklage erhoben wird und die Art der strafbaren Handlung. Ist eine abgekürzte Beschreibung der Straftat und ihrer rechtlichen Art nicht gegeben, so ist der Haftbefehl ungiltig.

§ 215. Der Haftbefehl mufs in dem Eröffnungsbeschlufs aufgenommen werden und der letztere hat aufserdem die Weisung zu enthalten, dafs der Angeklagte in das Gefängnis des Gerichts überführt werde, an das er überwiesen ist.

§ 217. Der Eröffnungsbeschlufs ist von sämtlichen Mitgliedern der Anklagekammer zu unterschreiben. Er mufs aufserdem deren Namen und den Antrag des Staatsanwalts enthalten. Beschlüsse, ohne diese Erfordernisse sind ungiltig.

§ 217. Wenn sich die Anklagekammer noch nicht schlüssig ist, ob Anklage zu erheben ist oder nicht, dann hat sie das Recht, mögen von andrer Seite schon Untersuchungshandlungen vorgenommen sein oder nicht, eine Untersuchung anzuordnen und auf die Straftat bezügliche Beweistücke herbeischaffen zu lassen.

§ 218. In den Fällen des vorigen Paragraphen hat ein Mitglied der gemäfs § 200 gebildeten Anklagekammer die Funktionen des Uutersuchungsrichters wahrzunehmen.

§ 219. Der in Gemäfsheit des vorigen Paragraphen ernannte Untersuchungsrichter hat Zeugen persönlich zu verhören oder ein Mitglied bei demjenigen Gericht 1. Instanz mit der Vernehmung zu beauftragen, in dessen Bezirk die Zeugen wohnen. Den Angeschuldigten hat er zu vernehmen, die Beweismittel schriftlich zu fixieren und nötigenfalls Ladungen und Haftbefehle auszufertigen.

§ 220. Der Staatsanwalt hat in 5 Tagen nach Überweisung der Akten und Beweisgegenstände seitens des Untersuchungsrichters an ihn seine Anträge zu stellen.

§ 221. Stellt sich nach beendeter Untersuchung heraus, dafs der Angeschuldigte dem Gericht 1. Instanz des Liwas oder dem Gericht 2. Instanz zu überweisen ist, dann hat die Anklagekammer gemäfs §§ 213–215, und ist seine Überweisung an das Gericht 1. Instanz des Kasas nötig, dann hat sie gemäfs § 212 zu verfahren. Ist in diesen Fällen der Angeschuldigte in Haft und steht auf seinem Vergehen Gefängnisstrafe, dann ist er bis 'zum Ende des Verfahrens in Haft zu halten.

§ 222. Im Fall der Überweisung des Angeklagten an die Strafkammer für Verbrechen (mehkeme-i-dschinajet) mufs der Staatsanwalt eine Anklageschrift aufsetzen. Darin ist genau anzugeben: 1. die Art des Verbrechens, 2. der Tatbestand, sowie die erschwerenden oder mildernden Umstände, und endlich Name und Nationale des Angeklagten. Am Schlufs ist der Sachverhalt in folgender Form zu resumieren:

„Infolge des Gesagten ist X des Mordes des Y — des Diebstahls bei Y — des und des Verbrechens angeklagt worden."

§ 223. Beschlufs der Anklagekammer und Anklageschrift ist dem Angeklagten zuzustellen und je eine Abschrift davon bei ihm zurückzulassen.

§ 224. Der Angeklagte ist in 24 Stunden nach der Zustellung von dem Gefängnis am Sitz der Anklagekammer nach demjenigen des Sitzes des Verhandlungsgerichtes 1. Instanz des Liwas oder 2. Instanz zu überführen.

§ 225. Gegen den Angeklagten, der nicht verhaftet werden kann oder der flüchtig ist, wird gemäfs der Bestimmungen des Abschnitts IV Teil 2 in contumaciam verhandelt.

§ 226. Der Staatsanwalt hat von dem Beschlufs der Anklagekammer bezüglich der Überweisung des Angeklagten an das Gericht 1. Instanz des Liwas oder desjenigen 2. Instanz sowohl dem Angeklagten, falls sein Wohnort bekannt ist, wie dem Kaimakam des Ortes der begangenen Tat Kenntnis zu geben.

§ 227. Wenn für die Schuld des Angeklagten, dessen Überweisung an das Gericht 1. Instanz des Liwas oder desjenigen 2. Instanz die Anklagekammer mit Beschlufs abgelehnt hat, nicht neue Beweise erbracht werden, kann jener wegen des betreffendes Prozesses dem Gericht nicht zugeführt werden.

§ 228. Unter „neuen Beweisen" sind Zeugnisse und Urkunden zu rechnen, welche geeignet sind, nicht ausreichende Beweismomente im Beschlufs der Anklagekammer zu verstärken, genauere Kenntnis des Tatbestandes zu vermitteln und die Wahrheit ans Licht zu bringen.

§ 229. In solchen Fällen hat der Beamte der gerichtlichen Polizei oder der Untersuchungsrichter dem Staatsanwalt eine Abschrift der gefundenen Beweisurkunden ohne Verzug zukommen zu lassen. Auf des letzteren Antrag hat der Präsident der zuständigen Anklagekammer einen Untersuchungsrichter mit der Ausführung der erneuten Untersuchung zu beauftragen. Nötigenfalls kann der Untersuchungsrichter gegen den gemäfs § 211 in Freiheit gesetzten Angeschuldigten vor Abgabe der Akten an den Staatsanwalt einen provisorischen Haftbefehl erlassen.

§ 230. Der Staatsanwalt hat in jedem Monat dem Staatsanwalt bei dem Gericht 2. Instanz ein Register über alle vor Gericht gebrachten Prozesse wegen Verbrechen, Vergehen oder Übertretung vorzulegen.

§ 231. Erachtet der Staatsanwalt beim Gericht 2. Instanz die in den Registern aufgeführten Vergehen und Übertretungen für strafbare Handlung schwerer Art, so kann er binnen 14 Tagen nach Empfang des Registers die Akten einfordern. In 14 Tagen nach deren Eingang hat er dem Gericht 2. Instanz seine Ausführungen und Anträge mitzuteilen, worauf die Kammer in 3 Tagen Beschlufs fassen mufs.

II. Teil.

Der Präsident der Strafkammer für Verbrechen.

§ 232. Der Präsident der Kammer für Verbrechen besitzt unbeschränkte Freiheit nach seinem Gutdünken alle Mittel anzuwenden, um dem Recht Geltung zu verschaffen. Seine Ehre und sein Gewissen bürgen für gerechte Anwendung der Freiheit.

§ 233. Der Präsident kann während der Verhandlung die Vorladung von Personen und die Herbeischaffungen von Urkunden und andren Gegenständen anordnen, wenn er dies für zweckdienlich hält für die Feststellung der Zuverläfsigkeit in den Angaben und Aussagen des Angeklagten und der Zeugen. Auch kann er Vorführungsbefehle erlassen und die Aussagen der vorgeladenen Personen als einfache Mitteilungen behandeln, ohne die Beeidigung vorzunehmen.

§ 234. Der Präsident hat Handlungen, die für den Ausgang des Prozesses ohne Einflufs sind und lediglich auf ein Verlängern der Verhandlung hinzielen, zu verhindern.

III. Teil.

Die Pflichten der Staatsanwälte bei den Gerichten für Verbrechen.

§ 235. Die Staatsanwälte haben gegen die Personen, welche gemäfs den Bestimmungen über die Erhebung der Anklage unter Anklage gestellt sind, aber einzig und allein wegen des in dem Beschlufs der Anklagekammer aufgeführten Deliktes, das Verfahren zu betreiben bezw. ihre Substituten damit zu beauftragen. Andernfalls ist das Verfahren nicht nur ungiltig, sondern auf Antrag des Angeklagten kann auch gegen die Staatsanwälte wegen Rechtsbeugung das Strafverfahren eingeleitet werden.

§ 236. Der Staatsanwalt hat nach Empfang der Akten alles zu tun, um die vorbereitenden Handlungen zum Abschlufs zu bringen und das Verfahren am Terminstage zu ermöglichen.

§ 237. Der Staatsanwalt ist in der Hauptverhandlung zugegen, hat die gesetzlichen Strafen gegen den Angeklagten zu beantragen und der Urteilsverkündigung beizuwohnen.

§ 238. Der Staatsanwalt hat die Anträge und Auseinander setzungen, die er im Namen des Gesetzes für nötig hält, schriftlich dem Gericht zu unterbreiten und dieses ist gehalten, seine Bemerkungen zum Gegenstende der Beratung zu machen.

§ 239. Der Staatsanwalt hat seine schriftlichen Anträge und Auseinandersetzungen zu unterzeichnen. Seine Auslassungen in der mündlichen Verhandlung sind von dem Gerichtsschreiber zu Protokoll zu nehmen und vom Staatsanwalt ebenfalls zu unterschreiben. Die darauf ergehenden Entscheidungen sind vom Präsidenten und Gerichtsscheiber zu unterzeichnen.

§ 240. Die Nichtannahme der Anträge des Staatsanwalts seitens des Gerichts ist weder auf die Verhandlung noch auf das Urteil von Einflufs. Indessen kann der Staatsanwalt wegen der Nichtannahme seiner Anträge die Revision einlegen.

§ 241. Sämtliche Beamte der gerichtlichen Polizei und die Untersuchungsrichter stehen unter Aufsicht des Staatsanwalts beim Gericht 2. Instanz, desgleichen die Verwaltungsbeamten, die gemäfs § 9 Beziehungen zu den Gerichten haben, insofern diese Beziehungen in Frage kommen.

§ 242. Die Staatsanwälte bei den Gerichten 2. Instanz haben die Beamten der gerichtlichen Polizei und die Untersuchungsrichter bei den Gerichten 1. und 2. Instanz bei Nachläſsigkeiten in der Ausübung ihrer Funktionen zu verwarnen und die Verwarnungen in ein besonderes Register einzutragen.

§ 243. Bei Rückfällen haben sie den Gerichten Mitteilung zu machen. Diese haben die Nachlässigen besonders vorzuladen und ihnen Sorgfalt bei Ausübung ihrer Obliegenheiten ans Herz zu legen, auch sie zur Zahlung etwaiger Kosten für diese Formalitäten heranzuziehen.

§ 244. Für rückfällig ist zu betrachten, wer innerhalb eines Jahres vom Datum der Eintragung der Nachlässigkeiten in das Register von neuem zu Klage Anlaſs gibt.*)

§ 245. Die Staatsanwälte bei den Liwa-Gerichten 1. Instanz und den Gerichten 2. Instanz können in Fällen, in den sie zur Wahrnehmung der Funktionen der Beamten der gerichtlichen Polizei und der Untersuchungsrichter befugt sind, die Staatsanwälte, Untersuchungsrichter und Gerichte 1. Instanz desjenigen Kasas mit der Ausübung ihrer eigenen Funktionen betrauen, in dem das Verbrechen vorgekommen ist, mit Ausnahme jedoch der Befugnis Vorführungs- und Haftbefehle zu erlassen.

IV. Teil.

Das Verfahren.

§ 246. Spätestens 24 Stunden nach Erhebung der Anklage durch die Anklagekammer sind die Akten dem Gericht zu übersenden.

§ 247. Die 24stündige Frist läuft von dem Moment der Zustellung des Anklagebeschlusses an den Angeklagten an.

§ 248. In spätestens 24 Stunden vom Eingang der Akten an gerechnet ist der Angeklagte vorzuladen und zu vernehmen.

§ 249. Dem Angeklagten ist zu seiner Verteidigung die Wahl eines Beistandes nahezulegen, und wenn er keine Wahl trifft, ist gleich vom Gericht aus die Ernennung eines solchen vorzunehmen. Verhandlungen ohne Zuziehung eines Beistandes für den Angeklagten sind nichtig. Erklärt der Angeklagte selbst seinen Verteidiger wählen zu wollen, so ist die Wahl des Gerichts ungiltig, aber die Prozeſshandlungen giltig, die vorgenommen werden, ohne daſs der Angeklagte seine Wahl schon getroffen hat.

*) Dieser Artikel ist dahin abgeändert: „Wenn sich die erwähnten Beamten noch einmal Pflichtversäumnis zu schulden kommen lassen, werden sie gemäſs § 102 St.G.B. bestraft. Wer die Funktionen der gerichtlichen Polizei miſsbraucht, ist auf Antrag des Staatsanwalts sofort vor das Gericht für Verbrechen zu stellen.“ Diese Modifikation ist zwar von der Pforte den Missionen als eingeführt bezeichnet worden, sie figuriert aber nicht in den Handausgaben der St.P.O. (cf. § 1 Anm.)

§ 250. Die gewählten wie die offiziellen Verteidiger müssen aus der Zahl der bei dem Gericht zugelassenen Anwälte genommen werden. Mit besonderer Erlaubnis des Gerichts kann der Angeklagte aber auch aus seinen Verwandten und Freunden seinen Beistand bestimmen.

§ 251. Der Angeklagte ist vom Gericht darauf hinzuweisen, dafs gegen den Beschlufs auf Erhebung der Anklage Beschwerde zulässig ist und in 5 Tagen eingereicht werden mufs. Nach Ablauf der Frist geht das Beschwerderecht verloren. Dafs den Vorschriften dieses sowie der beiden vorigen Paragraphen genügt ist, mufs zu Protokoll genommen werden. Letzteres ist von dem Gerichtsschreiber wie dem Angeklagten zu unterzeichnen. Kann oder will dieser nicht unterschreiben, so ist es im Protokoll zu vermerken.

§ 252. Wenn der Angeklagte gemäfs dem vorigen Paragraphen nicht belehrt worden ist, geht sein Beschwerderecht durch sein Schweigen nicht verloren. Er kann von demselben noch nach Fällung der Endentscheidung Gebrauch machen.

§ 253. Der Staatsanwalt kann ebenfalls Beschwerde einreichen und zwar in 5 Tagen nach dem Verhör. Nach Ablauf dieser Frist geht sein Beschwerderecht verloren.

§ 254. Die Beschwerde kann nur gegen den Beschlufs der Anklagekammer auf Erhebung der Anklage und zwar aus folgenden 4 Gründen erhoben werden:

1. wegen Unzuständigkeit des Gerichts,
2. weil die Straftat nicht als Verbrechen qualifiziert werden kann,
3. wegen Nichtanhörung des Staatsanwalts,
4. weil die Zahl der Mitglieder der Anklagekammer niedriger ist als die gesetzlich vorgesehene.

§ 255. Die Beschwerdeschrift ist dem Gerichtsschreiber zu übergeben und darauf dem Staatsanwalt bei dem Revisionsgericht zu übersenden. Von diesem ist vor allen andern laufenden Sachen über die Beschwerde zu entscheiden.

§ 256. Wird die Beschwerde vor Eintritt in die Hauptverhandlung erhoben, so wird die Untersuchung bis zur Hauptverhandlung abgeschlossen, diese aber nicht vorgenommen. Geschieht es nach Ausführung der in § 251 vorgesehenen Formalitäten und nach Ablauf der Frist, so wird ohne Verzug zur Hauptverhandlung geschritten. In diesem Fall ist die Beschwerdeschrift nach Fällung des Endurteils beim Revisionsgericht anhängig zu machen.

§ 257. Der Verteidiger kann sich jederzeit mit dem Angeklagten in Verbindung setzen und Einsicht in die Akten nehmen, ohne jedoch die Untersuchung zu beeinträchtigen und jene an einen andern Ort mitzunehmen.

§ 258. Wenn aufser den vernommenen Zeugen noch andre vorhanden sind, die aufserhalb des Sitzes des Gerichtes für Verbrechen wohnen, so beauftragt letzteres den Untersuchungsrichter bei dem

Sandeschak (Regierungsbezirk), zu welchem der Wohnort der Zeugen gehört, mit der Vernehmung derselben. Das darüber aufgenommene Protokoll ist von dem Untersuchungsrichter versiegelt und in einer Umhüllung dem ersten Gerichtsschreiber (bei dem Gericht für Verbrechen) zu übersenden.

§ 259. Zeugen, die auf die Ladung des Gerichts für Verbrechen nicht erscheinen, ohne eine stichhaltige Entschuldigung vorzubringen, oder zwar erscheinen aber nicht aussagen, werden vor das Gericht ihres Wohnsitzes gezogen und gemäfs § 75 bestraft.

§ 260. Die Verteidiger können auf eigene Kosten von sämtlichen auf den Prozefs bezüglichen und zur Verteidigung dienlichen Urkunden Abschriften nehmen. Von den Protokollen jedoch, die auf den Nachweis der strafbaren Handlung sich beziehen, und den schrift-Zeugenaussagen wird eine Abschrift — auch bei mehreren Angeklagten — kostenlos erteilt.

§ 261. Sind gegen mehrere Angeklagte wegen desselben Verbrechens gesonderte Anklagebeschlüsse ergangen, so kann der Präsident der Kammer auf Antrag des Staatsanwalts oder von Amtswegen die Zusammenlegung des Prozesses anordnen.

§ 262. Bezieht sich ein einziger Anklagebeschlufs auf mehrere nicht gemeinschaftliche Verbrechen, so kann der Staatsanwalt beantragen und der Präsident anordnen, dafs die Sache des einen oder des andern Angeklagten vor den andern entschieden wird.

V. Teil.

Hauptverhandlung, Urteil, Vollstreckung.

1. Kapitel.

Die Hauptverhandlung.

§ 263. Der Angeklagte erscheint ungefesselt vor Gericht; damit er aber nicht entfliehen kann, ist er von einer genügenden Zahl Gendarmen begleitet. Der Präsident befragt ihn nach Namen, Vornamen, Alter, Stend, Wohn- und Geburtsort.

§ 264. Der Vorsitzende hat den Beistand des Angeklagten darauf hinzuweisen, dafs er nichts gegen sein Gewissen und die gesetzlich erforderliche Rücksicht zu sagen und seine Ausführungen mit Anstand und Mäfsigung zu machen hat.

§ 265. Der Vorsitzende hat den Angeklagten zu ermahnen, der Verlesung von Schriftstücken seine ganze Aufmerksamkeit zu weihen. Der Gerichtsschreiber hat zur Verlesung des Anklagebeschlusses und des Antrages des Staatsanwalts aufzufordern. Der Gerichtsschreiber hat mit lauter Stimme vorzulesen.

§ 266. Nach der Verlesung hat der Präsident dem Angeklagten den Inhalt der Anklageschrift des Staatsanwalts mitzuteilen und darauf an ihn folgende Worte zu richten: „Dieses Verbrechen, sagt man, hast du begangen. Gieb acht, wie man auch den Beweis führt, dafs du es getan hast.“ Im Anschlufs hieran setzt der Staatsanwalt den Tatbestand der Anklage auseinander, worauf er dies Verzeichnis der auf seinen, des Nebenklägers und des Angeklagten Antrag vorgeladenen und zu verhörenden Zeugen vorlegt. Dieses Verzeichnis ist vom Gerichtsschreiber laut zu verlesen.

In dem Verzeichnis brauchen nur die Namen derjenigen Zeugen aufgeführt zu sein, deren Name, Stand und Wohnort mindestens 24 Stunden vor dem Verhör vom Staatsanwalt und dem Nebenkläger dem Angeklagten, oder von diesem dem Staatsanwalt schriftlich bezeichnet worden sind. Die dem Präsidenten gemäfs § 233 zustehende Befugnis wird hierdurch in keiner Weise berührt.

Der Angeklagte oder der Staatsanwalt können gegen die Vernehmung der ihnen schriftlich nicht benannten, oder nicht mit der genügenden Klarheit bezeichneten Zeugen Einspruch erheben. Über diesen hat sofort das Gericht zn beschliessen.

§ 267. Der Vorsitzende läfst die Zeugen in den für sie im Gerichtsgebäude bestimmten Zeugenraum treten, den jene nicht verlassen dürfen. Er hat nötigenfalls Sicherheitsmafsregeln zu treffen, um eine vorherige Besprechung der Zeugen untereinander über das Verbrechen oder den Angeklagten zu verhindern.

§ 268. Die Zeugen werden in der vom Staatsanwalt bestimmten Reihenfolge einzeln vernommen. Sie sind vor der Ablegung des Zeugnisses zu beeidigen, dafs sie ohne Furcht, Voreingenommenheit und Feindschaft die ganze Wahrheit sagen werden. Das Zeugnis vorher nicht beeideter Zeugen ist als nicht vorhanden anzusehen.

Der Vorsitzende befragt die Zeugen zunächst nach Namen, Vornamen, Alter, Stand, ihrem ständigen oder vorübergehenden Wohnsitz; ferner darüber, ob sie den Angeklagten vor Begehung des Verbrechens gekannt haben; ob und eventuell in welchem Grade sie mit dem Angeklagten verwandt sind; endlich ob sie bei einem von diesen in Dienst gestanden haben. Hierauf erfolgt ihre mündliche Vernehmung.

§ 269. Der Vorsitzende hat die Abweichungen in den Bekundungen dieser Zeugen von ihren früheren Aussagen durch den Gerichtsschreiber protokollieren zu lassen. Die Protokollierung kann auch vom Angeklagten und Staatsanwalt beantragt werden.

§ 270. Der Vorsitzende hat jeden Zeugen nach Ablegung des Zeugnisses zu fragen, ob er mit dem Angeklagten, über den er ausgesagt hat, den in der Sitzung gegenwärtigen Angeklagten meint, sowie den letzteren, ob er darauf etwas zu erwidern hat.

Der Zeuge darf während seiner Aussage nicht unterbrochen werden. Der Angeklagte und sein Verteidiger, der Staatsanwalt und der Nebenkläger können durch den Vorsitzenden an den Zeugen Fragen richten lassen und gegen seine Person oder gegen seine Aussage jede zur Entkräftung der Anklage geeignete Bemerkung machen.

Der Vorsitzende hat von dem Zeugen wie von dem Angeklagten jede zur Festellung der Wahrheit von ihm für notwendig befundenen

Aufklärnng zu verlangen. Mit Einverständnis des Präsidenten ist dazu auch jeder Beisitzer ermächtigt.

§ 271. Der Zeuge darf nach Ablegung des Zeugnisses den Sitzungssaal nur auf Befehl des Vorsitzenden verlassen.

§ 272. Nach den vom Staatsanwalt und dem Nebenkläger gestellten Zeugen hat der Angeklagte die von ihm in seiner vorher überreichten Liste namhaften Zeugen über das ihm zur Last gelegte Verbrechen sowohl wie über seinen Leumund vernehmen zu lassen.

Die Ladungskosten und Zeugengebühren für die auf Antrag des Angeklagten vorzuladenden Zeugen trägt der Angeklagte; ausgenommen sind die Kosten für die vom Angeklagten bezeichneten und vom Staatsanwalt, der ihr Erscheinen im Interesse der Feststellung der Wahrheit für notwendig erachtet hat, vorgeladenen Zeugen.

§ 273. Unzulässig ist das Zeugnis

1. der Eltern und Grofseltern,
2. der Kinder und Enkel,
3. der Geschwister,
4. der Verschwägerten in diesen Graden
5. des Ehegatten, selbst nach der Scheidung,

} des oder des einen Angeklagten

6. des Anzeigers, der eine gesetzliche Belohnung für die Anzeige erhalten hat.

Jedoch hat die Vernehmung der genannten Personen die Ungiltigkeit des Verfahrens nicht zur Folge, wenn gegen sie seitens Staatsanwalts, Nebenklägers oder Angeklagten Widerspruch nicht erhoben worden ist.

§ 274. Der Angeber, der die gesetzliche Belohnung nicht erhalten, kann vernommen werden. Doch mufs das Gericht über seine Eigenschaft als solcher unterrichtet werden.

§ 275. Die vom Staatsanwalt und Angeklagten ohne besondere Ladung gestellten Zeugen können, selbst wenn sie vorher schriftlich Zeugnis nicht abgelegt haben, in der Hauptverhandlung vernommen werden. In jedem Falle müssen dieselben aber in der gemäfs § 266 aufgestellten Liste figurieren.

§ 276. Die Zeugen können an einander Fragen nicht richten.

§ 277. Der Angeklagte kann beantragen, dafs von den vernommenen Zeugen jeder Beliebige hinaustrete und von den Hinausgetretenen einer oder der andre von neuem vorgerufen werde und entweder allein oder mit den andern konfrontiert, noch einmal vernommen werden. Dasselbe Recht steht dem Staatsanwalt zu. Auch kann es der Vorsitzende von Amtswegen ausüben.

§ 278. Der Vorsitzende kann vor, während oder nach der Vernehmung eines Zeugen einen oder den andern Angeklagten hinaustreten lassen, um die zurückbleibenden über den Prozefs einzeln oder zusammen zu befragen. Jedoch kann die Verhandlung nicht fortgesetzt werden, bevor nicht jeder der Angeklagten mit dem, was in seiner Abwesenheit verhandelt wurde, bekannt gemacht ist.

§ 279. Während der Verhandlung können sich der Staatsanwalt und die Beisitzer über die Bekundungen der Zeugen und die Verteidigung des Angeklagten Notizen machen, wenn dadurch der Fortgang der Verhandlung nicht beeinträchtigt wird.

§ 280. Der Vorsitzende hat während oder nach der Zeugenvernehmung sämmtliche Beweis- und Schriftstücke dem Angeklagten vorzuzeigen und ihn zu befragen, ob er sie kennt. Nötigenfalls kann der Präsident diese Gegenstände auch den Zeugen vorzeigen.

§ 281. Hat es nach dem Verlauf der Untersuchung den Anschein, als ob ein Zeuge die Unwahrheit gesagt hat, dann kann der Vorsitzende auf Antrag des Staatsanwalts, Nebenklägers oder des Angeklagten ebenso von Amtswegen die sofortige Verhaftung des Zeugen verfügen. Bezüglich des Verhafteten nimmt der Staatsanwalt die Funktionen der gerichtlichen Polizei und der Vorsitzende oder ein von diesem ernannter Beisitzer diejenigen des Untersuchungsrichters wahr. Die Untersuchungsakten werden der Anklagekammer behufs Beschlufsfassung über die Erhebung der Anklage gegen den Verhafteten übersandt.

§ 282. Im Fall des vorigen Paragraphen kann der Staatsanwalt, Nebenkläger oder der Angeklagte die Aufhebung der Sache auf die folgenden Termine beantragen und das Gericht kann auf diesen Antrag hin oder von Amtswegen die Sache auf den folgenden Termin anberaumen.

§ 284. Wird die Sache wegen Nichterscheinens eines Zeugen auf einen späteren Termin vertagt, dann hat die Ladungskosten, die Gebühren für die andern Zeugen und die Prozefskosten der nicht erschiene Zeuge zu tragen. In dem Vertagungsbeschluss ist auf Antrag des Staatsanwalts über die Eintreibung der so entstandenen Kosten von dem Zeugen, eventuell unter Verhaftung desselben, ein Vermerk aufzunehmen und die zwangsweise Vorführung des Zeugen zwecks seiner Vernehmung anzuordnen. In jedem Fall ist der vorgeladene, aber nicht erschienene oder die Eidesleistung oder die Aussage selbst verweigernde Zeuge in die in § 75 vorgesehene Strafe zu nehmen.

§ 285. Der Zeuge kann innerhalb 10 Tagen von der Zustellung des gegen ihn ergangenen Beschlusses an ihn oder seinen Wohnsitz an gerechnet Beschwerde erheben. Der Frist ist für je einen Miriameter Entfernung 1 Tag zuzurechnen. Der Beschwerde ist Folge zu geben, wenn der Zeuge nachweist, dafs er für sein Nichterscheinen einen triftigen Grund hatte oder eine (andre) Festsetzung der Geldstrafe erforderlich ist.

§ 286. Können sich der Angeklagte und die Zeugen, oder diese unter einander nicht in derselben Sprache verständlich machen, so hat der Vorsitzende einen Dolmetscher, der nicht unter 21 Jahre alt sein darf, zu bestimmen. Dieser ist auf richtige Übertragung zu beeidigen, widrigenfalls die betreffenden Verhandlungen ungiltig sind. Staatsanwalt und Angeklagter können den Dolmetscher unter Angabe von Gründen ablehnen. Über die Zulässigkeit der Ablehnung hat das Gericht zu entscheiden. Der Dolmetscher darf nicht, bei Strafe der Nichtigkeit, aus den Beisitzern oder Zeugen gewählt werden.

§ 287. Ist der Angeklagte taubstumm oder des Schreibens unkundig, dann hat der Vorsitzende von Amtswegen einen Dolmetscher zu bestimmen, der sich mit ihm verständigen kann. Dasselbe gilt gegenüber taubstummen Zeugen. Die sonstigen Bestimmungen des vorigen Paragraphen über die Auswahl des Dolmetschers finden auch hier Anwendung. Sind die taubstummen Angeklagten oder Zeugen des Schreibens kundig, dann hat der Gerichtsschreiber die zu stellenden Fragen ihnen aufgeschrieben vorzulegen und jene haben ebenfalls schriftlich zu antworten. Die Fragen und die Antwortenn sind von dem Gerichtsschreiber zu verlesen.

§ 288. Sind mehrere Angeklagte vorhanden, so hat der Vorsitzende zu bestimmen, welcher davon vor Gericht zu erscheinen hat. Ist einer darunter besonders belastet, ist mit diesem zu beginnen und jeder andre besonders zu vernehmen.

§ 289. Nach Beendigung der Fragestellung über die Zeugenaussagen können Staatsanwalt und Nebenkläger oder sein Vertreter die die Anklage befestigenden Beweise näher beleuchten. Der Angeklagte oder sein Verteidiger kann erwidern, worauf jene wiederum antworten können. In jedem Fall hat das letzte Wort der Angeklagte oder sein Verteidiger. Hierauf erklärt der Vorsitzende die Verhandlung für beendet.

§ 290. Nach Verkündigung des Schlusses der Verhandlung gemäfs dem vorigen Paragraphen zieht sich der Gerichtshof in das Untersuchungszimmer zurück, um über den Anklageakt, das Protokoll, die Anträge des Staatsanwalts und des Nebenklägers, sowie die Verteidigung des Angeklagten und die Sache selbst unparteisch zu beraten. Hierauf werden nach kurzer Zusammenfassung des Sachverhaltes die zu stellenden Fragen formuliert und vom Präsidenten die Stimmen über schuldig oder nicht schuldig gesammelt. Im Fall eines Verdiktes auf schuldig wird in die Beratung über das Strafmafs nicht eingetreten. Die Mehrheit gegen den Angeklagten beträgt $^2/_3$ der Stimmen.

2. Kapitel.

Urteil und Vollstreckung.

§ 291. Nachdem der Vorsitzende den Angeklagten wieder hat vortreten lassen, verliest der Gerichtsschreiber das Urteil in seiner Gegenwart.

§ 292. Geht das Urteil auf nichtschuldig, so verkündet der Vorsitzende die Freisprechung des Angeklagten nebst sofortiger Haftentlassung, wenn er nicht noch aus einem andern Grunde in Haft ist. Hierauf nimmt das Gericht die Entschädigungsklagen der Parteien, die Entgegnungen darauf und die darauf bezüglichen Äufserungen des Staatsanwalts entgegen und entscheidet darüber. Er kann aber einen der Beisitzer damit beauftragen, die Parteien zu vernehmen, die Urkunden in Augenschein zu nehmen und ihm den Sachverhalt in einer schriftlichen Aufzeichnung zu unterbreiten. In diesem Fall können die Parteien von neuem ihre Ausführungen vor Gericht machen und der Staatsanwalt ist ebenfalls wieder zu hören. Im Fall der Freisprechung kann der Angeklagte den Denunzianten wegen Verläumdung belangen und eine Entschädigung beanspruchen. Jedoch ist gegen Beamte, die in dieser ihrer Eigenschaft verpflichtet waren, die von ihnen gesammelten Nachrichten über Verbrechen zur Kenntnis zu bringen, ein Verläumdungs- und Entschädigungsanspruch ausgeschlossen. Gegen solche Beamte ist aber nötigenfalls Beschwerde von dem Gesichtspunkt der Rechtsbeugug aus zulässig. Der Staatsanwalt ist auf Antrag des Angeklagten verpflichtet, ihm den Denunzianten zu benennen.

§ 293. Die Entschädigungsprozesse des Angeklagten gegen Denunzianten und Nebenkläger, sowie des letzteren gegen den Angeklagten oder Verurteilten werden vor das Gericht gebracht, das den Strafprozefs selbst entscheidet. Der Nebenkläger hat den Entschädigungsprozefs vor Urteilsfällung in dem Strafprozefs anhängig zu machen, widrigenfalls sein Anspruch zurückgewiesen wird. Ist der Denunziant bekannt, dann ist vom Angeklagten ebenfalls der Entschädigungsprozefs gegen ihn vor Urteilsfällung in dem Strafprozefs anhängig zu machen, widrigenfalls sein Anspruch verloren geht. Wird ihm der Name des Denunzianten erst nach der Urteilsfällung in dem Strafprozefs bekannt, dann geht sein Entschädigungsanspruch nicht verloren, er hat ihn aber vor die gewöhnlichen Zivilgerichte zur Entscheidung zu bringen. Stellen Personen Entschädigungsansprüche, die in dem Prozefs nicht Kläger und Beklagte sind, so haben sie sich ebenfalls an die Zivilgerichte zu wenden.

§ 294. Wer freigesprochen ist, kann wegen desselben Verbrechens nicht noch einmal verhaftet oder angeklagt werden.

§ 295. Wenn sich bei der Freisprechung des Angeklagten aus den vorgelegten Urkunden oder den Zeugenaussagen während der Verhandlung ergibt, dafs der Angeklagte ein andres, mit dem ersten Verbrechen in keinerlei Zusammenhang stehendes Verbrechen begangen hat, so hat der Vorsitzende zugleich mit der Verkündigung der Freisprechung die Untersuchung wegen des zweiten Verbrechens anzuordnen und den Angeklagten gemäfs § 86 mit Ladungs-Vorführungs- oder Haftbefehl dem Untersuchungsrichter zu überweisen. Diese Anordnung kann indessen nur getroffen werden, wenn der Staatsanwalt während der Verhandlung die Notwendigkeit, den Angeklagten in Untersuchung zu nehmen und unter Anklage zu stellen, hervorgehoben hat.

§ 296. Ist der Angeklagte schuldig gesprochen, so stellt der Staatsanwalt seinen Strafantrag und der Nebenkläger auf Rückforderung von Sachen oder auf Entschädigung.

§ 297. Der Vorsitzende befragt den Angeklagten, ob er bezüglich der Höhe der beantragten Strafe etwas vorzubringen hat. Weder der letztere noch sein Verteidiger können auf die Straftat selbst zurückkommen' sondern nur noch geltend machen, dafs die Tat nicht verboten, gesetzlich nicht bestraft ist, oder die vom Staatsanwalt beantragte Strafe nicht zur Folge hat; sowie dafs zur Leistung von Schadenersatz überhaupt keine Veranlassung vorhanden oder der geltend gemachte Anspruch darauf übertrieben ist.

§ 298. Ist die Tat des Angeklagten durch das St.G.B, nicht verboten, so erkennt das Gericht auf Straflosigkeit.

§ 299. Gehört die Tat zu den verbotenen, so verhängt das Gericht die gesetzlichen Strafen, selbst wenn dessen Zuständigkeit nicht vorlag. Bei Vorliegen von Realkonkurrenz wird nur auf diejenige Strafe erkannt, die von allen die höchste ist.

§ 300. Mag der Angeklagte freigesprochen, verurteilt oder straffrei erklärt werden, so hat das Gericht auf seinen oder des Nebenklägers Antrag über einen von ihnen erhobenen Entschädigungsanspruch in demselben Urteil zu erkennen und die Höhe der zu leistenden Entschädigung festzusetzen oder ein Mitglied des Gerichts zu beauftragen, die Parteien gemäfs § 292 zu hören, die Beweisstücke zu prüfen und das Resultat schriftlich zu unterbreiten. Ebenso hat es die Zurückgabe von beschlagnahmten Gegenständen anzuordnen. Jedoch findet im Fall der Verurteilung des Angeklagten die Rückgabe nicht statt, wenn von dem Eigentümer nicht nachgewiesen wird dafs der Angeklrte die Revisionsfrist hat verstreichen lassen oder die Sache in der Revisionsinstanz beendet ist.

§ 301. Wird der Angeklagte entschulddar gefunden, so sind die gesetzlichen Entschuldigungsgründe durch Urteil festzustellen.

§ 302. Wer von Angeklagten und Nebenklägern für schuldig befunden wird, hat die Prozefskosten zu tragen und dem Gegner seine Auslagen zu ersetzen.

§ 303. Nach Beendigung der in den vorigen Artikeln angegebenen Formalitäten kehrt der Gerichtshof wieder in das Untersuchungszimmer zurück und stimmt über Antrag und Verteidigung der Parteien ab. Die Verkündigung des Urteils aber erfolgt seitens des Vorsitzenden in Gegenwart des im Sitzungssaal anwesenden Angeklagten und der Zuhörer. Bei der Urteilsverkündigung verliest der Vorsitzende den in Betracht kommenden Paragraphen des StG.B. Der Gerichtsschreiber nimmt den Urteilstenor zu Protokoll und nimmt darin den Gesetzesparagraphen im Wortlaut auf, widrigenfalls ihn eine Geldstrafe von 2 türkischen Pfunden trifft.

§ 304. Der Urteilsentwurf wird von dem Vorsitzenden und den Beisitzern unterschrieben. Wird er den letzteren nicht zur Unterschrift vorgelegt, so trifft den Gerichtsschreiber eine Geldstrafe von 5 türkischen Pfunden. Eventuell ist gegen den Vorsitzenden und die Beisitzer, sowie gegen den Gerichtsschreiber das Verfahren wegen Rechtsbeugung zulässig. Der Urteilsentwurf ist in 24 Stunden nach der Urteilsfällung zu unterschreiben.

§ 305. Der Vorsitzende hat nach der Urteilsverkündigung den Angeklagten je nach den Umständen zur Fassung oder zur Besserung zu ermahnen. Er hat ihn ferner darauf aufmerksam zu machen, dafs das Urteil nebst Akten dem Revisionsgericht übersandt werden wird und dafs er — der Angeklagte, — wenn er noch etwas zu bemerken habe, dies innerhalb einer Woche in Form eines Schriftsatzes geschehen müsse.

§ 306. Der Gerichtschreiber hat im Protokoll zu bemerken, dafs die durch die Prozefsordnung vorgeschriebenen Formalitäten ausgeführt sind. In dieses Protokoll werden die Antworten des Angegeklagten und die Aussagen der Zeugen nicht aufgenommen; nur die Abweichungen in den Zeugenaussagen werden gemäfs § 269 St.P.O. vermerkt. Das Protokoll wird vom Vorsitzenden und Gerichtsschreiber unterschrieben oder untersiegelt. Nichtbeachtung dieser Vorschriften hat Nichtigkeit des Verfahrens zur Folge. Wird kein Protokoll aufgenommen und werden die Vorschriften des dritten Satzes dieses Paragraphen nicht beachtet, dann hat der Gerichtsschreiber eine Geldstrafe von 20 türkischen Pfunden zu bezahlen.

§ 307. Macht der Verurteilte noch einen für die Revisionsinstanz bestimmten Schriftsatz, so ist dieser innerhalb 8 Tagen in der Gerichtsschreiberei abzugeben. In dieser Frist können Staatsanwalt und Nebenkläger ebenfalls einen Schriftsatz einreichen. Indessen darf der Schriftsatz des letzteren nur auf seine Ansprüche als Nebenkläger Bezug haben. Vor Entscheidung in der Revisionsinstanz kann das Urteil nicht vollstreckt werden.

§ 308. Wird das Urteil in der Revision bestätigt, so wird das Urteil in 3 Tagen von der Zustellung an den Staatsanwalt vollstreckt.

Ist im Urteil Todesstrafe ausgesprochen, so hängt seine Vollstreckung vom Erlafs des Jrades ab, gemäfs § 16 St.G.B.

§ 309. Hat der Verurteilte noch etwas zu bemerken, so hat ein Mitglied des Gerichts, an dessen Sitz die Vollstreckung stattfinden wird, nebst dem Gerichtsschreiber seine Erklärung entgegen und zu Protokoll zu nehmen.

§ 310. Über die Vollstreckung ist vom Gerichtsschreiber ein Protokoll aufzunehmen und binnen 24 Stunden Abschrift davon unter den Wortlaut des Urteils zu setzen und von ihm zu unterschreiben. Am Rande des Protokolls ist darüber, dafs dies geschehen ist, ein Vermerk zu machen und vom Gerichtsschreiber zu unterschreiben Zuwiderhandeln gegen diese Bestimmungen hat für letzteren eine Geldstrafe von 2 türkischen Pfunden zur Folge. Der Vermerk unter dem Urteil hat dieselbe Rechtswirkung wie das Original.

§ 311. Stellt sich im Verlauf der Verhandlung durch Urkunden und andre Beweisstücke oder durch Zeugenaussagen heraus, dafs der Angeklagte noch andrer Verbrechen schuldig ist, die mit schwereren Strafen bedroht sind, als das ursprüngliche Verbrechen, wegen dessen er auf der Anklagebsnk sitzt, oder in Haft befindliche Mitschuldige hat, so ordnet das Gericht die Eröffnung des Verfahrens auch wegen der neuen Verbrechen gegen den Angeklagten an. In beiden Fällen hat der Staatsanwalt die Vollstreckung des gegen den Angeklagten wegen des ersten Verbrechens ergangenen Urteils bis zur Entscheidung in den neuen Sachen hinauszuschieben.

§ 312. Die Strafregister und Urteilsentwürfe werden bei den Gerichten verwahrt, von denen die Prozesse entschieden sind.

III. Abschnitt.

Das Verfahren in der Revisionsinstanz.

I. Teil.

Revisionsgründe, welche Nichtigkeit der Untersuchung und des Urteils zur Folge haben.

§ 313. Urteile in Strafsachen wegen Verbrechen, Vergehen oder Übertretungen letzter Instanz, sowie die aus Anlafs derselben vorgenommenen Verhandlungen und Untersuchungen können in folgenden Fällen auf Antrag für nichtig erklärt werden:

1. Bei Verbrechen.

§ 314. Wenn der Angeklagte verurteilt wird und im Beschlufs der Anklagekammer, der Untersuchung oder Verhandlung vor Gericht, oder bei der Urteilsfällung selbst Formalitäten, deren Nichtausführung nach den Bestimmungen dieses Gesetzes Nichtigkeit zur Folge hat, in gesetzwidriger Weise ausgeführt oder ganz unterlassen werden, so ist das Urteil nichtig, sowie alle Handlungen, die nach dem die Nichtigkeit zur Folge habenden Vorfall vorgenommen sind.

Die Unzuständigkeit des Gerichts hat ferner Nichtigkeit des Urteils zur Folge, ebenso die Nichtberücksichtigung oder Ablehnung von Anträgen des Angeklagten oder Staatsanwalts, die sich auf ein denselben gesetzlich zustehendes Recht gründen. Im letzten Falle tritt Nichtigkeit ein, auch wenn diese an die Nichtannahme der Antröge nicht ausdrücklich geknüpft ist.

§ 315. Im Falle der Freisprechung des Angeklagten kann der Staatsanwalt einzig und allein zur Wahrung des Gesetzes und unter der Bedingung, dafs die Freisprechung selbst nicht berührt wird, die Nichtigkeit des Urteils und der sonstigen Prozefshandlungen beantragen.

§ 316. Der Angeklagte kann Nichtigkeit des Urteils beantragen, wenn die erkannte Strafe nicht diejenige ist, welche das Gesetz für Verbrechen, der in Rede stehenden Art, vorschreibt. Das Anfechtungsrecht steht dem Staatsanwalt zu, wenn gemäfs § 298 auf

Straflosigkeit des Angeklagten erkannt war, weil das Gesetz für die von ihm begangene Handlung keine Strafe vorschreibe und letzteres dennoch der Fall ist.

§ 317. Ein Anfechtungsrecht steht niemandem wegen irrtümlicher Zitierung der Gesetzesstelle zu, vorausgesetzt daſs die erkannte Strafe die im Gesetz vorgesehene ist.

§ 318. Der Nebenkläger kann niemals die Nichtigkeit des die Freisprechung oder Straflosigkeit des Angeklagten aussprechenden Urteils beantragen. Indessen steht dem Nebenkläger in Fällen der Freisprechung oder Straflosigkeit des Angeklagten dann ein Anfechtungsrecht zu, wenn er zu einer gröſseren Schadenersatzleistung verurteilt ist, als der Angeklagte selbst beantragt hat. Der Nichtigkeitsantrag erstreckt sich aber nur auf diezen Punkt des Urteils.

2. *Bei Vergehen und Übertretungen.*

§ 319. Die in § 314 angegebenen Nichtigkeitsgründe gelten auch in Fällen von Übertretungen und Vergehen. Ein Anfechtungsrecht steht sowohl dem Angeklagten wie dem Staatsanwalt und Nebenkläger in allen Fällen zu, unabhängig, ob Freisprechung oder Straflosigkeit oder Verurteilung ausgesprochen ist. Jedoch kann im Falle seiner Freisprechung oder Straflosigkeit der Angeklagte nicht unter dem Vorwande Beschwerde führen, daſs die sein Verteidigungsrecht gewährleistenden gesetzlichen Bestimmungen nicht berücksichtigt oder unbeachtet geblieben sind.

§ 320. Die Bestimmungen des Art. 317 gelten auch bezüglich der in letzter Instanz wegen Vergehen und Übertretungen ergangenen Entscheidungen.

§ 321. Spricht das Revisionsgericht, das Gericht I. Instanz des Liwas oder das Gericht 2. Instanz die Nichtigkeit einer Untersuchungshandlung aus, so können diese die Kosten, die aus der Wiederholung derselben entstehen, dem Untersuchungsrichter oder sonst schuldigen Beamten auferlegen. Jedoch soll diese Bestimmung nur in Fällen schwerer Verfehlung und erst zwei Jahre nach Inkrafttreten dieses Gesetzes in Geltung treten.

II. Teil.

Die Revisionsgesuche.

§ 322. Alle Strafsachen wegen Verbrechen werden von Amtswegen und ohne Antrag von dem Revisionsgericht nachgeprüft, die Revision von Strafsachen wegen Vergehen und Übertretungen ist von einem Antrage abhängig. Das Revisionsgesuch gegen Entscheidungen im Vorbereitungs- oder Untersuchungsverfahren in Sachen wegen Übertretung und Vergehen kommt erst zur Prüfung nach Erlaſs des Endurteils. Der Umstand, daſs der Verurteilte eine solche Entscheidung freiwillig zur Ausführung hat kommen lassen, kann die Zurückweisung des Revisionsantrages nicht begründen. Diese Zustimmung trifft nicht zu für Entscheidungen wegen Zuständigkeit des Gerichts, die vor Erlafs des Endurteils revidiert werden können. Das Gesuch wegen Unzuständigkeit des Gerichts bei Verbrechen ist nach denselben Bestimmungen zu behandeln wie bei Vergehen und Übertretungen.

§ 323. Bei Vergehen und Übertretungen ist das Revisionsgesuch vom Verurteilten in 8 Tagen nach Verkündigung des Urteils dem Gerichtsschreiber zu übergeben und von ihm und dem letzteren zu unterzeichnen. Kann oder will der Verurteilte nicht unterzeichnen, so hat der Gerichtsschreiber dies unter dem Revisionsgesuch zu bemerken. Letzteres kann nach denselben Regeln auch von dem Verteidiger des Angeklagten übergeben werden. In diesem Fall mufs die Vollmacht beigefügt sein. Das Gesuch ist in ein besonderes Register einzutragen, das jedem zugänglich ist, und von dessen Eintragungen ein jeder Abschrift nehmen kann.

§ 324. Wird Revision wegen Vergehen und Übertretungen gegen Urteile der letzten Vorinstanz von dem Staatsanwalt oder dem Nebenkläger eingelegt, so ist die Revisionsschrift, nachdem sie gemäfs den Bestimmungen des vorigen Paragraphen eingetragen ist, in 3 Tagen dem Revisionsbeklagten zuzustellen. Ist letzterer in Haft, so ist ihm die Revisionsschrift vom Gerichtsschreiber vorzulesen und zur Unterschrift vorzulegen. Kann oder will er nicht unterschreiben, so hat dies der Gerichtsschreiber auf der Revisionsschrift zu vermerken. Dem nicht verhafteten Revisionsbeklagten ist die letztere in Person oder an seinem Wohnort vom Gerichtsdiener zuzustellen. In diesem Falle ist der bestimmten Frist für jeden Miriameter ein Tag zuzurechnen. *)

§ 325. Der Revision einlegende Nebenkläger hat seinem Revisionsgesuch eine beglaubigte Abschrift des Urteils beizufügen. Er hat aufserdem bei Gericht als Geldstrafe den Betrag von 5 oder $2^1/_2$ türkischen Pfunden zu hinterlegen, je nachdem das Urteil im kontradiktorischen oder im Versäumnisverfahren ergangen ist.

§ 326. Von der Hinterlegung sind befreit: 1. die wegen Verbrechen Verurteilten; 2. Beamte, die in Verwaltungs-, Grundstücks- und in Sachen betr. die Staatseinkünfte als Kläger auftreten. Unter allen anderen Personen trifft die Geldstrafe die im Revisionsverfahren unterlegene Partei. Befreit ist endlich von der Hinterlegung der Geldstrafe für das Revisionsgesuch, wer der Revisionsschrift eine von der Lokalbehörde beglaubigte Bescheinigung darüber vorlegt, dafs er weniger als ein halbes Pfund oder gar keine Steuern zahlt, oder dafs er mittellos ist.

§ 327. Der Revision von zu Gefängnis verurteilten Angeklagten kann solange nicht Folge gegeben werden, als nicht konstatiert ist, dafs sie in Haft genommen oder gegen Bürgschaft freigelassen sind.

---

*) In der ersten Fassung der St.P.O. heifst es „zwei Tage". cf. Anm. zu § 136.

Eine amtliche Bescheinigung über die Inhaftierung oder Haftentlassung gegen Bürgschaft mufs der Revisionssschrift beigefügt sein. Jedoch ist für den Fall, dafs sich die Revision auf Unzuständigkeit des Gerichts gründet, ausreichend, dafs der Revisionskläger nachweist, dafs er sich auf seinem eigenen Antrag im Gefängnis am Ort des Revisionsgerichtes in Haft befindet. In diesem Fall können die Revisionskläger ihr Revisionsgesuch dem ersten Staatsanwalt bei dem erwähnten Gericht übergeben und auf einen Vermerk des letzteren von der Gefängnisverwaltung aufgenommen werden.

§ 328. Der Verurteilte oder der Nebenkläger können entweder gleich bei Überreichung des Revisionsgesuchs oder innerhalb 10 Tagen darauf dem Gerichtsschreiber bei dem Gericht, dessen Urteil angefochten wird, einen Schriftsatz mit der Begründung der Revision übergeben. Der Gerichtsschreiber hat darüber eine Bescheinigung auszufüllen und den Schriftsatz unverzüglich dem Staatsanwalt vorzulegen.

§ 329. In spätestens 10 Tagen nach Eingang des Revisionsgesuchs hat der Staatsanwalt die Akten nebst den eventuell vorhandenen Eingaben per Parteien dem Justizministerium einzusenden. Der Gerichtsschreiber bei dem Gericht, dessen Urteil angefochten wird, hat die Akten kostenlos zu heften und mit dem Urteil zu verbinden, widrigenfalls ihn .eine Geldstrafe von 3 türkischen Pfunden trifft.

§ 330. Das Justizministerium hat die Akten 24 Stunden nach Empfang dem Revisionsgericht zu übersenden und davon dem Beamten Kenntnis zu geben, der sie ihm vorgelegt hat. Die Verurteilten können ihre Eingaben und die Abschriften des Urteils und des die Revision begründenden Schriftsatzes auch direkt der Gerichtsschreiberei des Revisionsgerichtes übergeben.

§ 331. Das Revisionsgericht hat in allen Arten von Strafsachen in spätestens einem Monat nach Ablauf der in diesem Teil angegebenen Frist über die Revisionsgesuche eine Entscheidung zu treffen.

§ 332. Das Revisionsgericht hat ohne Vorentscheidung über die Zulässigkeit oder Unzulässigkcit des Revisionsgesuches sogleich die Bestätigung oder Aufhebung des Urteils auszusprechen.

§ 333. Hebt das Revisionsgericht ein Urteil, betreffend ein Vergehen oder eine Übertretung auf, so verweist es diese Sache entweder an die Vorinstanz zurück oder an ein Geriont gleichen Grades·

§ 334. Hebt das Revisionsgericht ein Urteil über ein Verbrechen auf, so hat es nach den Bestimmungen der folgenden 7 Paragraphen zu verfahren.

§ 335. Das Revisionsgericht verweist die Sache für den Fall der Aufhebung des Urteils an die Vorinstanz zurück oder vor ein Gericht gleichen Grades, möge die Aufhebung auf Grund der Fälle des § 254 oder auf Grund eines anderen die Nichtigkeit zur Folge habenden Umstandes erfolgt sein. Bezieht sich die Aufhebung nur auf die Nebenklage, so erfolgt Verweisung der Sache vor das zuständige

Zivilgericht, lag Unzuständigkeit des Gerichts vor, so wird die Sache an das Gericht verwiesen, das zuständig ist.

§ 336. Ist im Fall der Aufhebung eines Urteils die Verweisung der Sache zur neuen Entscheidung vor ein Gericht 1. und 2. Instanz erforderlich, so ist im Anschlufs an den Aufhebungsbeschlufs sogleich über das Gericht, das mit der Sache befafst werden soll, zu beraten und zu beschliefsen, und das Resultat im Urteil mitaufzunehmen.

§ 337. Im Fall der Aufhebung des Urteils und der Verweisung der Sache an die Vorinstanz dürfen notwendig erscheinende neue Untersuchungshandlungen nicht von dem früheren Untersuchungsrichter vorgenommen werden.

§ 338. Verweist das Revisionsgericht eine Strafsache wegen Verbrechen an ein anderes Gericht, so hat dieses die Sache zu entscheiden, und es kann kein anderes Gericht damit beanftragen.

§ 339. Wird das Urteil aufgehoben und zurückverwiesen und sind noch nicht unter Anklage gestellte Mitschuldige der betreffenden Straftat vorhanden, so ernennt das Gericht einen Untersuchungsrichter und einen Staatsanwaltssubstituten, welche die ihnen zufallenden Untersuchungshandlungen vorzunehmen und die Untersuchungsakten der Anklagekammer zu unterbreiten haben. Letzteres hat zu entscheiden, ob die Mitschuldigen vor das erkennende Gericht zu stellen sind oder nicht.

§ 340. War auf eine gesetzlich nicht vorgeschriebene Strafe erkannt und das betreffende Urteil deswegen aufgehoben, so ist in dem Urteil des Revisionsgerichts Art und Höhe der Strafe zu berichtigen. War die Aufhebung des Vorurteils aus sonst einem anderen Grunde erfolgt, so verhandelt das Revisionsgericht die Sache von neuem. Sind zur Nichtigkeit führende Momente im Vorurteil enthalten, so hebt die Revision diese auf, den Rest läfst sie bestehen.

§ 341. Wird die Verurteilung aufgehoben, so wird der Angeklagte, dessen Prozefs von neuem vor dem Strafgericht für Verbrechen abgeurteilt werden mufs, dem zuständigen Gericht zugeführt, möge er in Untersuchungs- oder in Strafhaft sein.

§ 342. Der in Strafsachen für Verbrechen und Vergehen abgewiesene Nebenkläger wird verurteilt, der freigesprochenen oder für straflos erklärten Partei die Kosten zu ersetzen und 5 türkische Pfund Entschädigung zu zahlen. Aufserdem wird eine Geldstrafe von derselben Höhe erhoben. Handelte es sich um ein Versäumnisurteil, wird der Betrag der Geldstrafe nur zur Hälfte erhoben. Wird der Fiskus abgewiesen, so hat er nur die Entschädigung zu zahlen.

§ 343. Wird ein Urteil ganz oder zum Teil aus irgend welchem Grunde aufgehoben, so ist der hinterlegte Betrag sogleich nach Erlafs des Revisionsurteils dem Eigentümer zurückzugeben, möge die Rückgabe im Urteilstenor ausgesprochen sein oder nicht.

§ 344. Ist eine zwecks Anfechtung eines Urteils vorgebrachte Behauptung zurückgewiesen, so kann das Urteil mit keinem neuen Vorbringen mehr angefochten werden.

§ 345. Die die Revision zurückweisende Entscheidung ist in einer vom Vorsitzenden der Vollstreckungsabteilung bei dem Revisionsgericht und seinem ersten Mümeïs (Gehilfen) zu unterzeichnenden Abschrift dem ersten Staatsanwalt beim Revisionsgericht zu übersenden. Von da ist sie an das Justizministerium, und von diesem an den Staatsanwalt bei dem erkennenden Gericht abzugeben.

§ 346. Wenn ein in letzter Instanz ergangenes Urteil zum ersten Male in der Revision kassiert ist, und mit denselben Parteien und denselben Gründen zum zweiten Male vor die Revisionsinstanz kommt, dann erfolgt die Entscheidung durch das gesammte vereinigte Revisionsgericht. Wird das zweite Urteil aus denselben Gründen wie das erste aufgehoben, so hat das Gericht, an das die Sache zurückverwiesen wird, die prinzipielle Entscheidung des Revisionsgerichts zur Grundlage seines Urteils zu nehmen.

§ 347. Gibt auf besonderen schriftlichen Befehl des Justizministeriums der Staatsanwalt beim Revisionsgericht der Strafabteilung des letzteren davon Kenntnis, dafs Untersuchungshandlungen oder Urteile in gesetzwidriger Weise zu stande gekommen sind, so werden diese Handlungen und Urteile annulliert und die schuldigen gerichtlichen Polizeiorgane und Richter gemäfs Abschnitt IV Teil III dieses Buches zur Verantwortung gezogen.

§ 348. Ist ein von den Strafgerichten in letzter Instanz ergangenes Urteil geeignet, revidiert zu werden, so kann der Staatsanwalt, auch ohne dafs die Beteiligten in der vorgeschriebenen Frist die nötigen Anträge gestellt haben, und ohne sich selbst um den Ablauf der Frist kümmern zu müssen, dem Gericht von Amtswegen den Sachverhalt vortragen. Auch wenn das Urteil in diesem Fall aufgehoben wird, können sich die Parteien infolge davon der Vollstreckung seiner Bestimmungen nicht widersetzen.

III. Teil.
Wiederaufnahme des Verfahrens in Strafsachen wegen Verbrechen und Vergehen.

§ 349. Wird jemand wegen Mordes verurteilt und ergeben sich nachher genügend Anzeichen dafür, dafs der angeblich Getötete am Leben ist, oder stellt sich heraus, nachdem jemand wegen eines Verbrechens oder Vergehens verurteilt ist, dafs gegen einen andern wegen desselben Verbrechens ein verurteilendes Erkenntnis ergangen ist, dafs sich die beiden Urteile miteinander nicht vereinigen lassen und der eine der Verurteilten unschuldig ist; wird endlich gegen einen im früheren Verfahren vernommenen Zeugen das Strafverfahren nachträglich eingeleitet, das mit seiner Verurteilung wegen falschen Zeugnisses endet, oder werden einem solchen Zeugen ganz oder zum Teil die bürgerlichen Ehren abgesprochen, so kann die Wiederaufnahme des Verfahrens beantragt werden. Gründet sich dieser Antrag auf falscher Zeugenaussage, so ist die Vernehmung des deswegen verurteilten Zeugen im Wiederaufnahme-Verfahren unzulässig.

§ 350. Den Antrag auf Wiederaufnahme des Verfahrens sind zu stellen berechtigt:

1. der Justizminister;
2. der Verurteilte;
3. nach dessen Tode seine Erben und Verwandten und die von ihm durch Testament damit Beauftragten.

Die Wiederaufnahme des Verfahrens wegen Vergehen ist nur zulässig bei Verurteilung des Angeklagten zu Gefängnisstrafe. In Sachen, betreffend die Wiederaufnahme des Verfahrens versieht der Justizminister auf Antrag oder von Amtswegen den ersten Staatsanwalt beim Revisionsgericht mit Weisung, der seinerseits die Wiederaufnahme des Verfahrens bei der Kammer für Verbrechen beantragt. Der Antrag auf Wiederaufnahme des Verfahrens wegen zwei einander widersprechender Urteile und wegen Abgabe falschen Zeugnisses mufs innerhalb zweier Jahre nach Fällung des zweiten Urteils bezw. nach Fällung des Urteils wegen falschen Zeugnisses angebracht werden. Die Vollstreckung des Urteils, bezüglich dessen Wiederaufnahme verlangt wird, wird auf Befehl des Justizministers bis zur Entscheidung von Rechtswegen des Revisionsgerichtes aufgeschoben. Wird die Wiederaufnahme beschlossen, so ordnet das Gericht in dem darüber ergehenden Urteil gleichzeitig die Aufschiebung der Vollstreckung an.

§ 351. Wird dem Gesuch auf Wiederaufnahme des Verfahrens Folge gegeben, und ist die Sache nicht reif zur Verhandlung, so leitet das Revisionsgericht über den Fond der Sache entweder direkt oder durch Vermittlung eine Untersuchung ein, stellt die einzelnen Personen gegenüber und vernimmt sie, berichtigt die Personalien und schafft endlich alle Mittel herbei, die zur Feststellung der Wahrheit dienen können. Ist die Sache verhandlungsreif und eine kontradiktorische Verhandlung möglich, hebt das Revisionsgericht die Urteile auf, formuliert die an die Angeklagten oder Verurteilten zu richtenden Fragen und überweist jene vor dieselben oder vor andere Gerichte.

§ 352. Wenn das Erscheinen aller Beteiligten vor Gericht unmöglich ist, insbesondere die Verurteilten oder einer von ihnen verstorben oder verschollen sind, oder endlich Verfolgung oder Bestrafung verjährt ist, so entscheidet das Revisionsgericht, ohne Aufhebung des Urteils oder ohne Verweisung an ein anderes Gericht, in Gegenwart etwa vorhandener Nebenkläger und der von Amtswegen für die verstorbenen Verurteilten ernannten Vertreter. Sind Verstorbene zu Unrecht verurteilt gewesen, so wird das betreffende Urteil aufgehoben und ihre Ehre und Rechte wiederhergestellt.

§ 353. Ist im Falle des § 353, d. h. wenn jemand des Mordes beschuldigt worden ist, und ergeben sich genügend Anzeichen dafür dafs der angeblich Getötete am Leben ist, der Verurteilte ebenfalls am Leben und die ihm zur Last gelegte Handlung weder ein Verbrechen noch ein Vergehen, so wird die Sache nicht erst vor ein anderes Gericht verwiesen, sondern der Verurteilte in Freiheit gesetzt.

IV. Abschnitt.

Einige besondere Arten des Verfahrens.

I. Teil.

Das Verfahren wegen Urkundenfälschung.

§ 354. Bei einem Verfahren wegen Urkundenfälschung hat sogleich, nachdem die vergeblich verfälschten Urkunden dem Gericht vorgelegt sind, der Gerichtsschreiber jede Seite derselben zu unterzeichnen und zu nummerieren und auch die die Urkunden vorlegende Person unterzeichnen zu lassen, wenn diese dazu imstande ist. Über den genauen Zustand der Urkunden ist ein Protokoll aufzunehmen, in dem zu vermerken ist, ob die sie übergebende Person sie mit unterzeichnet hat oder nicht. Das Protokoll ist in der Gerichtsschreiberei in Verwahrung zu nehmen. Der diesen Bestimmungen nicht entsprechende Gerichtsschreiber wird in eine Geldstrafe von 2 türkischen Pfund genommen.

§ 355. Werden die Urkunden von einer Behörde vorgelegt, so hat der sie überbringende Beamte zu unterzeichnen und zu nummerieren, widrigenfalls er in eine Geldstrafe von 2 türkischen Pfund genommen wird.

§ 356. Die gefälschten Urkunden sind sowohl von den gerichtlichen Polizeibeamten, wie von den etwa vorhandenen Nebenklägern, bezw. ihren Vertretern und von dem Angeschuldigten bei seiner Vorführung zu unterschreiben. Im Protokoll ist zu vermerken, wenn einer von ihnen nicht unterschreiben kann oder will. Bei Nichtbeachtung dieser Bestimmung trifft den Gerichtsschreiber eine Geldstrafe von 2 Pfund.

§ 357. Selbst wenn die Urkunden, deren Fälschung behauptet wird, offiziellen Handlungen und Urteilen zur Grundlage gedient haben, ist bezüglich ihrer das Verfahren wegen Fälschung zulässig.

§ 358. Bei welcher Behörde oder Privatperson sich die Urkunden, deren Fälschung behauptet wird, auch befinden mögen, sie sind auf ein schriftliches Ersuchen des Staatsanwalts oder eines Untersuchungsrichters gegen Empfangsbestätigung herauszugeben. Die Herausgabe Verweigernde können in Haft genommen werden. Der Besitz des Ersuchungsschreibens und der Empfangsbestätigung befreit dem Eigentümer der Urkunden gegenüber von jeder Verantwortlichkeit.

§ 359. Bezüglich der in der Gerichtsschreiberei zwecks Vergleichung übergebenen Urkunden wird dasselbe Verfahren beobachtet, das gemäfs der drei letzten Paragraphen auf Urkunden Anwendung findet, deren Fälschung behauptet wird, widrigenfalls die ebenda erwähnten Strafen fällig werden.

§ 360. Die Herausgabe von Urkunden, deren Vorlegung zwecks Vergleichung notwendig ist, bei welcher Behörde sie sich auch befinden mögen, kann selbst durch Verhaftung des betreffenden Beamten erzwungen werden. Von der Verantwortlichkeit gegenüber dem Eigentümer der Urkunden befreit ihn der Besitz des Ersuchungsschreibens und der Empfangsbestätigung.

§ 361. Ist die Vorlegung einer amtlichen Urkunde erforderlich, so ist sie nach Zurücklassung einer vom Präsidenten des Gerichts des Orts, an dem sich jene bei einer Behörde oder Privatperson befand, beglaubigten Abschrift zu beschlagnahmen. Die geschehene Beglaubigung ist in dem Protokoll zu vermerken. Befindet sich die verlangte Urkunde in einem Buch, aus dem sie nicht herausgelöst werden kann, so wird dieses selbst unter Verzicht auf die Herstellung einer Abschrift vorgelegt.

§ 362. Privaturkunden können ebenfalls zur Vergleichung vorgelegt werden, wenn sie von den Parteien übergeben und anerkannt sind. Diejenigen, welche Urkunden in ihrem Besitz haben, können im Weigerungsfalle zur Herausgabe nicht gezwungen werden, selbst wenn sie den Besitz eingestehen. Sie sind vielmehr zunächst vor Gericht zu laden und wenn sich herausgestellt, dafs die Verweigerung der Herausgabe unbegründet ist, können die erforderlichen Mafsregeln angeordnet werden.

§ 363. Werden Zeugen über die Urkunden vernommen, so haben sie diese zu unterzeichnen. Können sie es nicht, so ist ein entsprechender Vermerk in das Protokoll aufzunehmen.

§ 364. Wird im Verlauf der Untersuchung oder der Verhandlung eines Prozesses von einer der Parteien eine vorgelegte Urkunde für falsch erklärt, so ist die Gegenpartei zu befragen, ob sie sich der Urkunden bedienen wird oder nicht.

§ 365. Bei einer negativen Antwort, oder falls binnen 8 Tagen überhaupt nicht geantwortet wird, nimmt die Untersuchung oder Verhandlung ihren Fortgang, ohne dafs der Urkunde Bedeutung beigemessen wird. Erwidert die Gegenpartei, dafs sie sich der letzteren bedienen will, so wird das Verfahren wegen Fälschung von dem Gericht, das über den Fond der Sache entscheidet, geführt, und zwar zwar als Teil des Hauptprozesses.

§ 366. Behauptet der den Einwand der Fälschung Machende, dafs der die Urkunde Produzierende der Fälscher oder sein Gehilfe ist, ergibt sich ferner im Verlauf der Verhandlung, dafs der Täter oder Mittäter am Leben ist, und ist die Strafverfolgung noch nicht verjährt, so wird das Verfahren wegen der Fälschung nach den für Verbrechen geltenden Bestimmungen eingeleitet. Ist die Hauptsache ein Zivilprozefs, so wird dieser bis zur Entscheidung über die Urkundenfälschung vertagt. Ist die Hauptsache ein Strafprozefs, so hat sich das damit befafste Gericht nach Anhörung des Staatsanwalts zunächst darüber schlüssig zu werden, ob der Strafprozefs zu vertagen ist oder nicht.

§ 367. Der Angeschuldigte oder Angeklagte kann aufgefordert werden, vor Gericht einige Zeilen zu schreiben. Im Weigerungsfalle ist im Protokoll ein Vermerk zu machen.

§ 368. Bemerkt ein mit einem Prozefs befafstes Gericht, selbst wenn es sich um einen Zivilprozefs handelt, genügend Anzeichen für das Vorliegen einer Fälschung, sowie dafür, wer der Urheber ist, so hat der Vorsitzende oder der Staatsanwalt die Akten an den Staatsanwalts-Substituten bei dem Untersuchungsrichter desjenigen Ortes, an dem mutmafslich die Fälschung begangen ist, oder an dem die Ergreifung des Täters möglich ist, abzugeben. Auch kann ein Vorführungsbefehl gegen den Angeschuldigten erlassen werden.

§ 369. Bei Fälschungen öffentlicher Urkunden oder von Teilen derselben, hat das über die Urkundenfälschung urteilende Gericht die gefälschten Teile zu vernichten oder nach Ergänzung und Prüfung in den ursprünglichen Zustand wiederherstellen zu lassen. Hierüber ist Ausführliches im Protokoll zu vermerken. Die zur Vergleichung eingeforderten Urkunden müssen 14 Tage nach der Entscheidung zurückgegeben werden. Geschieht dies nicht, so wird der Gerichtsschreiber in eine Geldstrafe von 2 Pfund genommen.

§ 370. Aufser den in den vorstehenden Paragraphen über die Urkundenfälschung angeführten Handlungen werden notwendig erscheinende Untersuchungen nach den für Verbrechen im allgemeinen gültigen Grundsätzen vorgenommen. Jedoch sind die Vorsitzenden der Gerichte 2. Instanz, die Staatsanwälte und ihre Substituten, die Mitglieder der Ältesten-Kollegien und die Untersuchungsrichter befugt, auch aufserhalb ihrer Amtsbezirke Haussuchungen bei Personen vorzunehmen, die verdächtig sind, der Falschmünzerei, der Nachmachung von amtlichen Stempeln, Papiergeld und Schuldverschreibungen oder der Einfuhr und des in Umlaufsetzens derartiger Fabrikate.

II. Teil.

Das Versäumnisverfahren bei Verbrechen.

§ 371. Kann eine Person, gegen die von der Anklagekammer die Erhebung der Anklage bsschlossen ist, nicht ergriffen werden, oder stellt sie sich in 10 Tagen nach Zustellung des Anklagebeschlusses an ihren Wohnsitz dem Gericht nicht oder entflieht sie, nachdem sie sich gestellt hat, so ist ihr vom Vorsitzenden oder, in dessen Abwesenheit, von dem ältesten Beisitzer eine neue Frist von 10 Tagen zu stellen.

In dem diese Fristbestimmung enthaltenden Beschlufs ist darauf hinzuweisen, dafs der Angeklagte bei Nichterscheinen innerhalb der bestimmten Frist als widersetzlich gegen das Gesetz betrachtet, der bürgerlichen Ehrenrechte für verlustig erklärt und dafs im Versäumnisverfahren die Konfiskation seines Vermögens ausgesprochen werden würde; dafs ihm daraus keinerlei Anspruch zustehen solle, gegen ihn aber das Verfahren erhoben werden würde, und dafs jeder den Ort, an dem er sich befindet, anzuzeigen verpflichtet ist. Endlich ist die Art des Verbrechens und der Befehl, den Angeklagten zu ergreifen, darin zu vermerken.

§ 372. Von dem Beschlufs ist je eine Abschrift an der Tür der Wohnung des Angeklagten, an derjenigen des Regierungsgebäudes und des Gerichtes anzuschlagen. Ferner haben Ausrufer für Verbreitung des Sachverhaltes zu sorgen. Eine Abschrift des Beschlusses ist ferner der Lokalbehörde zuzustellen, durch deren Vermittelung der Staatsanwalt oder sein Substitut zur Konfiskation der Güter des Angeklagten schreiten.

§ 373. Nach 10 Tagen wird das Versäumnisverfahren begonnen.

§ 374. In dem Versäumnisverfahren wird zur Verteidigung des Angeklagten niemand zugelassen. Befindet sich der Angeklagte im Auslande oder in der absoluten Unmöglichkeit zu erscheinen, so haben seine Verwandte und Freunde das Recht, ihn zu rechtfertigen und seine Abwesenheit als gesetzlich entschuldbar zu beweisen.

§ 375. Erscheint die Entschuldigung dem Gericht begründet, so wird je nach der Entfernung und der Art der Verhinderung für das Strafverfahren und die Konfiskation der Güter eine weitere Frist gewährt.

§ 376. Ist eine Entschuldigung nicht vorgebracht oder für nicht stichhaltig erachtet, so wird der Anklagebeschlufs, die Abschrift des dem Angeklagten zugestellten Beschlusses, sowie das über die öffentliche Verkündigung und den Anschlag aufgenommene Protokoll verlesen und nach Anhörung des Staatsanwaltes oder seines Substituten über das Versäumnisurteil Beschlufs gefafst. War die angestellte Untersuchung dem Gesetz nicht entsprechend, so wird sie für ungültig erklärt und vom Gericht ihre Wiederholung von der ersten ungesetzlichen Handlung an angeordnet. War sie gesetzentsprechend, so wird das Urteil gemäfs dem Anklagebeschlufs erlassen und ebenso über geltend gemachte Zivilansprüche erkannt.

§ 377. Das Vermögen des Verurteilten wird vom Datum der Vollstreckbarkeit des Urteils als Vermögen eines Abwesenden verwaltet. Nach Ablauf der für die Anfechtung des Versäumnisurteils bestimmten Frist, mit dem dasselbe unabänderlich geworden ist, wird das Vermögen nebst der Abrechnung dem Berechtigten ausgehändigt.

§ 378. Auszug aus dem Urteil wird innerhalb 8 Tagen von seinem Erlafs durch den Staatsanwalt oder Staatsanwalts-Substituten bei dem Gericht 1. Instanz des Liwas oder desjenigen bei dem Gericht 2. Instanz in der Zeitung des Vilajets, in dem der letzte Wohnsitz des Angeklagten liegt, veröffentlicht. Je ein Exemplar davon wird ferner an die Tür der letzten Wohnung des Angeklagten und an die Tür des Regierungsgebäudes des Kasas, in dem das Verbrechen stattgefunden hat, angeschlagen. Ein Exemplar endlich wird der Güterverwaltung des Ortes, in dem die (konfiszierten) Immobilien liegen, ausgehändigt.

§ 379. Revision gegen das Versäumnisurteil kann nur der Staatsanwalt, sowie der Nebenkläger bezüglich seiner Zivilansprüche einlegen.

§ 380. Die Abwesenheit eines Angeklagten kann als alleiniger Grund für die Hinausschiebung des Verfahrens bezüglich der anwesenden Mitschuldigen nicht gelten. Die zum Nachweis der Klage eingeforderten Gegenstände sind nach der Verhandlung ihrem Eigentümer oder dem Berechtigten bedingungslos oder, wenn es gewünscht wird, unter der Bedingung auszuhändigen, sie dem Gericht zu bringen. Vor Aushändigung solcher Gegenstände ist von dem Gerichtsschreiber über ihre Art und Beschaffenheit ein Protokoll aufzunehmen, widrigenfalls letzterer in eine Geldstrafe von 4 Pfund genommen wird.

§ 381. Solange das Vermögen des Verurteilten sich unter Sequester und Verwaltung des Staates befindet, sind seine bedürftige Gattin, seine Kinder und Eltern von den Einkünften der Güter in einem von der Vollstreckungsbehörde zu bestimmenden Umfange zu unterstützen.

§ 382. Stellt sich der abwesende Angeklagte oder wird er vor Verjährung der Strafe ergriffen, so wird das Versäumnisurteil aufgehoben und die stattgehabten Verhandlungen sind, begonnen von dem gemäſs § 371 erlassenen Haftbefehl, sämtlich ipso jure ungültig. Der Prozeſs ist vielmehr nach den geltenden Grundsätzen von neuem zu entscheiden.

§ 383. Ist von den beiden Fällen des vorigen Paragraphen die Vernehmung von Zeugen vor Gericht nicht möglich, so sind die bei den Akten eventuell vorhandenen schriftlichen Zeugenvernehmungen, die Aussagen mitschuldiger Angeklagter und sonstige vom Vorsitzenden zur Aufklärung des Sachverhalts für geeignet befundene Urkunden zu verlesen.

§ 384. Stellt sich der abwesende Angeklagte von selbst oder wird er ergriffen, so kann er von der Tragung der infolge seiner Abwesenheit entstandenen Kosten nicht befreit werden, selbst wenn die Verhandlung mit einem für ihn günstigen Erkenntnis endet.

III. Teil.

Strafbare Handlungen der richterlichen Beamten.

I. Kapitel.

Die Untersuchung und das Verfahren bei Vergehen und Verbrechen richterlicher Beamter auſserhalb der Ausübung ihres Amtes.

§ 385. Ist einer der Vorsitzenden, Beisitzer, Staatsanwälte und Untersuchungsrichter bei den Nisamie-Gerichten*) einer als Vergehen zu charakterisierenden strafbaren Handlung verdächtig, so wird er

*) Im Gegensatz zu den Scherije-Gerichten (religiösen) die nicht religiösen Gerichte, Zivil- wie Strafgerichte.

durch Vermittlung des Staatsanwaltes bei dem nächst höheren Gericht vorgeladen und von dem letzteren abgeurteilt.

§ 386. Ist einer der im vorigen Paragraphen aufgezählten Beamten der Begehung eines Verbrechens verdächtig, so ist von dem ersten Vorsitzenden des nächst höheren Gerichtes ein besonderer Untersuchungsrichter und von dem Staatsanwalt ein Beamter der gerichtlichen Polizei zu ernennen.

II. Kapitel.

Die Untersuchung und das Verfahren gegen richterliche Beamte, die in Ausübung ihres Amtes sich der Rechtsbeugung und anderer strafbarer Handlungen schuldig gemacht haben.

§ 387. Wird ein Mitglied des Revisionshofes eines Verbrechens beschuldigt, auf dem dieselbe oder eine höhere Strafe steht wie bei Amtsmifsbrauch, so fungiert als Untersuchungsrichter der erste Vorsitzende des Revisionsgerichtes und als Staatsanwalt der erste Staatsanwalt bei diesem Gericht, bezw. die von ihnen mit den genannten Funktionen beauftragten Beamten. Nur wenn das Verbrechen offenkundig ist, so kann der Sachverhalt, falls mit den Funktionen des Untersuchungsrichters und Staatsanwalts noch niemand betraut ist, von jedem Beamten der gerichtlichen Polizei untersucht werden. Bezüglich aller anderen Handlungen wird nach den allgemeinen Bestimmungen dieses Gesetzes verfahren.

§ 388. Wird die gesamte Kammer eines Handels- oder Friedensgerichtes eines Verbrechens bezichtigt, das mit der auf Amtsmifsbrauch stehenden oder einer noch schwereren Strafe bedroht ist, oder sind ganze Kammern eines Gerichtes 1. oder 2. Instanz, oder einer oder mehrere der Vorsitzenden, Beisitzer und Staatsanwälte verdächtig, in Ausübung ihres Amtes ein Verbrechen begangen zu haben, dann wird folgendermafsen verfahren:

§ 389. Das Verbrechen ist zur Kenntnis des Justizministers zu bringen. Dieser beauftragt mit der Führung der Verhandlung den ersten Staatsanwalt beim Revisionsgericht oder den Staatsanwalt beim Gericht 2. Instanz des Vilajets.

Der Justizminister kann die Anzeige entgegennehmen, sei es von dem Denunzianten direkt, der als Verletzter von dem Rechtsmittel der Beschwerde wegen Rechtsbeugung Gebrauch macht, sei es, dafs letzterer im Verlauf des Hauptprozesses vor dem Revisionsgericht das Verbrechen zur Anzeige bringt.

§ 390. Hält der erste Staatsanwalt beim Revisionsgericht oder der Staatsanwalt beim Gericht 2. Instanz des Vilajets das Material, das in den ihm vom Justizministerium oder von dem Beschwerdeführer zugegangenen Urkunden enthalten ist, nicht für ausreichend, so wird, wenn der Beschuldigte in Constantinopel sich befindet, nach Anhörung des Staatsanwaltes beim Revisionsgericht oder dem Gericht 2. Instanz ein Untersuchungsrichter bei einem Constantinopler Gericht mit der Untersuchung und der Zeugenvernehmung beauftragt, bezw. wenn der Beschuldigte in der Provinz sich befindet, ein Untersuchungsrichter bei einem andern Gericht als demjenigen, dem jener zugeteilt ist.

§ 391. Der in Gemäfsheit des vorigen Paragraphen ernannte Untersuchungsrichter hat die Protokolle und die sonst aus Anlafs der Untersuchung entstandenen Akten dem Präsidenten des zuständigen Gerichts 2. Instanz, falls der Beschuldigte Richter am Gericht 1. Instanz ist, und dem Präsidenten der Strafkammer beim Revisionsgericht, falls er Mitglied des Gerichts 2. Instanz ist, verschlossen und versiegelt zu übersenden. Die genannten Präsidenten haben nach genommener Kenntnis nötigenfalls den Angeschuldigten in Arrest zu nehmen und in dem betreffenden Befehl anzugeben, in welchem Gefängnis er einzuliefern ist. Darauf hat der Vorsitzende der Strafkammer bei dem Revisionsgericht oder der Vorsitzende des Gerichts 2. Instanz die sofortige Überweisung der Akten an den ersten Staatsanwalt bezw. an den Staatsanwalt bei dem Gericht 2. Instanz zu verfügen. Die Staatsanwälte haben in 5 Tagen nach Eingang der Akten ihre Anklageschrift nebst den letzteren der Zivilabteilung bei dem Revisionsgericht in Constantinopel bezw. der aus den Mitgliedern des Gerichts 2. Instanz des Vilajets gemäfs § 200 zu bildenden Anklagekammer vorzulegen.

§ 392. Lehnt die Zivilabteilung bezw. die Anklagekammer die Anträge des Staatsanwalts ab, so hat sie die Freilassung des in Haft befindlichen Angeschuldigten zu verfügen, andernfalls über die Erhebung der Anklage Beschlufs zu fassen.

§ 393. Steht die Beschuldigung mit der vor dem Revisionsgericht schwebenden Hauptsache in Zusammenhang, im Verlauf deren sie veranlafst wurde, und ist das über die Hauptsache entscheidende Gericht die Abteilung für Strafsachen, so befindet diese auch über die Schuld des Angeklagten, andernfalls hat, wie im vorigen Paragraph angegeben, die Abteilung für Zivilsachen über die Schuldfrage zu entscheiden.

§ 394. Findet eine Abteilung des Revisionsgerichtes, während sie eine Sache wegen Rechtsbeugung oder sonst einen Prozefs verhandelt, dafs gegen eins der in § 385 aufgezählten Gerichtsmitglieder, möge eine direkte Beschuldigung vorliegen, bezw. diese sich aus dem Verlauf des schwebenden Prozesses ergeben oder nicht, wegen eines Verbrechens vorgegangen werden mufs, so hat sie gemäfs dem vorigen Paragraph die Verweisung an das zuständige Gericht anzuordnen.

§ 395. Ergibt sich im Verlauf eines den sämtlichen vereinigten Abteilungen des Revisionsgerichtes vorliegenden Prozesses die Notwendigkeit, gemäfs dem vorigen Paragraph gegen ein Gerichtsmitglied das Verfahren zu eröffnen, so findet Verweisung vor die Abteilung für Zivilsachen statt.

§ 396. Der Vorsitzende der Abteilung bei dem Revisionsgericht, die über Schuld oder Nichtschuld eines angeschuldigten Richters entscheidet, hat in dieser Sache auch die Funktionen des Untersuchungsrichters zu bekleiden.

§ 397. Der Vorsitzende dieser Abteilung kann mit der Vernehmung der Zeugen und des Angeklagten auch einen andern Untersuchungsrichter beauftragen.

§ 398. In dem vom Vorsitzenden zu erlassenden Haftbefehl ist das Gefängnis zu bestimmen, in das der inhaftierte Angeklagte einzuliefern ist.

§ 399. Die Anklagekammer, sowohl die sich aus den Abteilungen des Revisionsgerichts konstituierende als die sich gemäfs § 200 aus den Mitgliedern des Gerichts 2. Instanz zusammensetzende und deren Mitgliederzahl ungerade sein mufs, entscheidet in nicht öffentlicher Sitzung über die Schuld oder Nichtschuld des Angeschuldigten. Ist die Stimmenmehrheit gegen Erhebung der Anklage, so wird die Denunziation mit Beschlufs zurückgewiesen und der Angeschuldigte von dem ersten Staatsanwalt, bezw. dem Staatsanwalt bei dem Gericht 2. Instanz in Freiheit gesetzt.

§ 400. Ist die Stimmenmehrheit für Erhebung der Anklage, so wird ein Anklagebeschlufs gefertigt, durch den die Verhaftung des Angeklagten angeordnet und seine Einlieferung in das Gefängnis desjenigen Gerichts verfügt wird, das zur Aburteilung der Sache selbst bestimmt wird.

Zusatz zu § 400 vom Monat Redescheb 1296.

Die Vorsitzenden und Beisitzer der Gerichte 1. Instanz werden vor die Gerichte 1. Instanz der Liwas; die Vorsitzenden und Beisitzer bei den Gerichten 1. Instanz der Liwas werden vor die Gerichte 2. Instanz; die Vorsitzenden und Beisitzer der letzteren vor das Revisionsgericht gestellt. Das Verfahren gegen die geistlichen Richter (nevab-i-scher) wird, wenn sie sich in dieser ihrer Eigenschaft straffällig machen, durch das Schechulislamat, und wenn sie als Vorsitzende der weltlichen Gerichte Anlafs zu Beschwerde geben, durch das Justizministerium vorgeschrieben.

§ 401. Gegen die Vollstreckung der obigen von dem Revisionsgericht vorgenommenen Beschlüsse gibt es keine Beschwerde. Diese ergehen in gleicher Weise auch gegen Mitschuldige des Angeklagten, selbst wenn die letzteren nicht dem Richterstande angehören.

§ 402. Die den Bestimmungen dieses Teiles der St.P.O. nicht zuwiderlaufenden sonstigen Vorschriften sind ebenfalls zu berücksichtigen.

§ 403. Kommt die gegen einen Richter ergangene Entscheidung zur Revision vor die Abteilung für Strafsachen, so kann, falls ein Mitglied dieser Abteilung in der Sache den Anklagebeschlufs gemacht hat, dasselbe nicht mitstimmen. Kommt dieselbe Sache aber zum zweiten Male in die Revision, so haben alle Mitglieder der sämtlichen vereinigten Abteilungen Stimmrecht.

Begeht ein Mitglied, Staatsanwalt und Untersuchungsrichter beim Revisionsgericht in oder aufserhalb der Ausübung seines Amtes eine mit entehrenden und abschreckenden*) Strafen bedrohtes Verbrechen, so werden sie auf Bericht des Justizministeriums hin vor den hohen Rat**) gestellt.

IV. Teil.

Fälle des Verstofses gegen die den Gerichts- und Staatsbeamten schuldige Ehrfurcht.

§ 404. Wenn im Verlauf einer vor Gericht oder einem anderen jedem zugänglichen Ort geführten Verhandlung und Untersuchung von den Anwesenden Äufserungen des Beifalls oder Mifsfalls gemacht werden, oder sonst wie Unruhe verursacht wird, so sind die Urheber vom Vorsitzenden oder vom Untersuchungsrichter zu entfernen. Sich Widersetzende oder nach vorgenommener Entfernung wieder Erscheinende sind auf Befehl des Vorsitzenden festzunehmen und dem Gefängnis zu überliefern. Der Vorfall ist im Protokoll aufzunehmen. Der Gefängnisdirektor hat auf Vorzeigung einer Abschrift den ihm Zugeführten 24 Stunden in Haft zu behalten.

§ 405. Ist die Störung von Handlungen begleitet, die mit abschreckenden und Polizei-Strafen***) bedroht sind, wie Schlägereien und Beleidigungen, so werden unmittelbar nach Vornahme der nötigen Feststellungen die entsprechenden Strafen sofort ausgesprochen. Dabei ist bei Verhängung von Polizeistrafen ein Rechtsmittel nicht zulassig. Bei Verhängung von abschreckenden Strafen kann Berufung eingelegt werden.

§ 406. Kommt vor einem zur Entscheidung von Verbrechen nicht zuständigen Gericht ein solches vor, so ist der Urheber desselben in Haft zu nehmen und das über den Vorgang aufzunehmende Protokoll ist mit allen Akten an das zuständige Gericht abzugeben.

§ 407. Vor dem Revisionsgericht, den Gerichten 1. und 2. Instanz vorkommende Schlägereien und sonstige flagrante Verbrechen werden sofort abgeurteilt. Nach Feststellung des Sachverhaltes durch öffentliche Vernehmung von Zeugen und des Täters und Anhörung des Staatsanwaltes wird die Strafe ausgesprochen.

---

*) Entehrende Strafen, mudschasat-i-terhibile, vgl. Anm. zu § 29. Abschreckende Strafen, mudschasat-i-teedibie, sind nach § 4 St.G.B. Gefängnis von mehr als 1 Woche, Verbannung auf Zeit, Amtsentlassung und Geldstrafe.

**) Divan-i-ali. Nach Art. 92 des Verfassungsgesetzes ein aus 30 Mitgliedern bestehendes Kollegium (je 10 Mitglieder aus dem Senat (ajan), dem Staatsrat und dem Revisions- und Apellgerichtshof), das über Vergehen der Minister, der Mitglieder des höchsten Gerichtshofes und Staatsverbrechen entscheidet.

***) Teedibie (cf. § 403 Anm. *) we tekdirie. Mudschasat-i-tekdirie, Polizeistrafen, sind nach § 5 St.G.B. Strafen von 24 Stunden bis zu 1 Woche Gefängnis und Geldstrafe bis zu 100 Piastern.

§ 408. Besteht die Zahl der Richter, vor denen die im vorigen Paragraph erwähnten Vorfälle stattgefunden haben, aus 5 und 6, 7 oder 8 und mehr, so sind zur Verurteilung 4, bezw. 5 Stimmen, bezw. $^3/_4$ Majorität erforderlich.

§ 409. Die Valis (Oberpräsidenten), Mutessarrifs (Regierungspräsidenten), Kaimmakame (Landräte), Müdire (Amtsvorsteher) und die administrativen wie gerichtlichen Polizeibeamten haben, wenn sie in der Öffentlichkeit amtlich tätig sind, die in § 404 erwähnten Funktionen. Sie haben den Schuldigen zu verhaften, über den Tatbestand ein Protokoll aufzunehmen und dem zuständigen Gericht zu übersenden.

V. Teil.

Feststellung der Identität flüchtig gewesener und wieder ergriffener Verurteilten.

§ 410. Die Identität eines wieder ergriffenen, flüchtigen Verurteilten ist Sache des Gerichts, das die Verurteilung ausgesprochen hat. Dasselbe hat auch auf die wegen der Flucht vom Gesetz normierte Zusatzstrafe zu erkennen.

§ 411. Das Urteil wird nach Anhörung der vom Angeklagten und Staatsanwalt gestellten Zeugen gefällt. Die Verhandlung ist öffentlich und der wieder ergriffene Angeklagte mufs zugegen sein, widrigenfalls das Urteil ungültig ist.

§ 412. Gegen die Entscheidung über die Identität hat der Staatsanwalt und der Angeklagte in der in diesem Gesetz angegebenen Weise und Frist das Rechtsmittel der Revision.

VI. Teil.

Verfahren bei Zerstörung und Diebstahl von Akten.

§ 413. Gehen die Urteilsentwürfe bzgl. Verbrechen und Vergehen oder die Akten über noch nicht abgeschlossene Untersuchungen und Verhandlungen durch Feuer, Wasser und andere aufserordentliche Ereignisse zu Grunde, verschwinden sie oder werden sie gestohlen, ohne dafs die erneute Anfertigung möglich ist, so wird folgendermafsen verfahren:

§ 414. Ist eine Abschrift oder beglaubigte Ausfertigung des Urteils vorhanden, so ist sie, möge sie im Besitz einer Privatperson oder einer Behörde sein, auf Befehl des Vorsitzenden der Gerichtsschreiberei des Gerichts zu übergeben, welches das Urteil erlassen hat. Bei Verweigerung der Herausgabe kann Zwang angewendet werden. Der einverlangte Akt wird als Entwurf verwahrt. Der Befehl des Vorsitzenden befreit den Inhaber von jeder Verantwortlichkeit gegenüber Demjenigen, auf den sich das Urteil bezieht. Wer verlorene und gestohlene Entwürfe oder beglaubigte Abschriften davon dem Gericht ausliefert, kann eine Abschrift kostenlos verlangen.

§ 415. Ist ein auf ein Verbrechen bezügliches Urteil oder eine Abschrift und Ausfertigung davon nicht aufzufinden und es existiert der Entwurf des Beschlusses über die Erhebung der Anklage, dann wird auf Grund dieses Beschlusses behufs Anwendung des Gesetzes in die Verhandlung eingetreten.

§ 416. Existiert auch der Entwurf des Beschlusses nicht mehr, so wird die Wiederholung der Untersuchung und der Verhandlung von dem Moment an angenommen, in dem die Akten verloren waren.

V. Abschnitt.

Bestimmung des zuständigen Gerichtes und die Übertragung einer Sache von einem Gericht zum andern.

I. Teil.

Bestimmung des zuständigen Gerichts.

§ 417. Gesuche um Bestimmung des zuständigen Gerichtes werden auf folgende Weise kurz geprüft und erledigt:

§ 418. Liegt die Verhandlung einer strafbaren Handlung und diejenige einer anderen mit dieser in Zusammenhang stehenden verschiedenen Gerichten und Untersuchungsrichtern ob, die in keiner Verbindung stehen, so bestimmt das Revisionsgericht die zuständige Stelle.

§ 419. Ferner, liegt die Untersuchung und Verhandlung einer strafbaren Handlung und diejenige einer anderen Straftat zum Teil einem Militär- oder Marine-Gericht, einem Beamten der militärischgerichtlichen Polizei oder sonst einem Sondergericht und zum Teil einem ordentlichen Gericht oder einem Untersuchungsrichter ob, so bestimmt das Revisionsgericht die zuständige Stelle.

§ 420. Ist das Gesuch um Bestimmung der zuständigen Instanz beim Revisionsgericht eingegangen, so prüft die Abteilung für Strafsachen bei demselben die betreffenden Akten und ordnet deren vollständige Zustellung an die Parteien an oder entscheidet endgültig über das Gesuch. Gegen die Entscheidung ist Beschwerde zulässig.

§ 421. Sind auf das Gesuch des Angeschuldigten, Angeklagten und Nebenklägers auf Bestimmung der zuständigen Instanz die Zustellungen angeordnet, so ersucht das Revisionsgericht die Staatsanwaltschaften bei den verschiedenen mit der Sache befafsten Gerichten zur Einreichung der bei ihnen befindlichen Akten und zur Abgabe einer mit Beweisen belegten Äufserung über das Gesuch.

§ 422. Werden die Zustellungen auf den Antrag einer der verschiedenen Staatsanwaltschaften angeordnet, so wird den anderen Staatsanwaltschaften aufgegeben, die bei ihnen befindlichen und auf die Sache bezüglichen Akten und Urkunden einzureichen und ihre Ansicht mit Belegen zu äufsern.

§ 423. In der Ausfertigung des Befehls über die Zustellung der Akten an die Parteien sind die Umstände, die den Konflikt veranlassen, kurz anzugeben und je nach der Entfernung eine angemessene Frist für die Einreichung der staatsanwaltschaftlichen Äufserungen seitens des Revisionsgerichtes zu bestimmen.

In dem Augenblick der Zustellung der Ausfertigung jenes Befehls, die Akten zuzustellen, werden im allgemeinen die in dem Prozefs schwebenden Verhandlungen eingestellt. Steht in einer Strafsache wegen Verbrechen die Fällung der Entscheidung über Erhebung der Anklage bevor, so wird die letztere, und ist diese Entscheidung bereits ergangen und sollte mit der Hauptverhandlung begonnen werden, so wird diese ausgesetzt. Der Lauf der Untersuchung wird indessen in keinem Fall unterbrochen. Beschwerden aus Anlafs des Konfliktes können vom Angeschuldigten bezw. Angeklagten und Nebenkläger gemäfs den Bestimmungen über die Revision beim Revisionsgericht vorgebracht werden.

§ 424. Hält das Revisionsgericht die Zustellung der Akten an die Parteien gemäfs den Bestimmungen der vorigen Paragraphen nicht für erforderlich, bestimmt es vielmehr lediglich auf das entsprechende Gesuch das zuständige Gericht, so wird der darüber gefafste Beschlufs durch Vermittlung des Staatsanwalts beim Revisionsgericht und des Justizministers sowohl der Staatsanwaltschaft und dem Untersuchungsrichter bei demjenigen Gericht, dem die Sache abgenommen wird, wie auch dem Angeschuldigten bezw. Angeklagten und dem eventuell vorhandenen Nebenkläger, zugestellt.

§ 425. Gegen den gemäfs dem vorigen Paragraphen zu stande gekommenen Beschlufs des Revisionsgerichtes steht nach den Grundsätzen über die Revision dem Angeschuldigten bezw. Angeklagten und dem Nebenkläger binnen 3 Tagen das Beschwerderecht zu.

§ 426. Wird Beschwerde eingereicht, so werden die Verhandlungen gemäfs den Bestimmungen des § 423 einstweilen unterbrochen.

§ 427. Wenn der nicht verhaftete Angeschuldigte bezw. Angeklagte, sowie der Nebenkläger vorher oder in der in § 425 bestimmten Frist innerhalb des Amtsbezirks eines der Gerichte, bezüglich derer Kompetenzstreit besteht, nicht einen Wohnsitz gewählt haben, so haben sie auf das Recht der Beschwerde in Gemäfsheit des vorigen Paragraphen keinen Anspruch, können sich wegen Nichtzustellung (der Akten) an sie nicht beschweren und ebensowenig ist der Gesuchsteller gehalten, die Zustellung an sie zu veranlassen.

§ 428. Wenn das Revisionsgericht über den Konflikt Entscheidung trifft, hat es auch über die von den Gerichten und Untersuchungsrichtern, denen die Prozefssache abgenommen wird, vorgenommenen Untersuchungshandlungen Beschlufs zu fassen.

§ 429. Nachdem das Revisionsgericht die den Befehl bezüglich der Aktenzustellung enthaltende Ausfertigung erteilt hat und dementsprechend das Erforderliche veranlafst ist, kann gegen das Urteil über den Konflikt Beschwerde nicht erhoben werden.

§ 430. Das nach Erteilung der Ausfertigung über den Zustellungsbefehl gemäfs § 423 sowohl wie auf die Beschwerde gemäfs § 425 hin ergangene Urteil mufs den Parteien entsprechend den Bestimmungen des § 424 zugestellt werden.

§ 431. Reicht der Angeschuldigte bezw. Angeklagte, der Staatsanwalt oder der Nebenkläger bei einem erstinstanzlichen Gericht oder einem Untersuchungsrichter eine Eingabe wegen deren Unzuständigkeit ein, so kann er ein Gesuch um Festsetzung des zuständigen Gerichts direkt bei dem Revisionsgericht nicht einreichen, sondern er kann, möge jener Eingabe (wegen der Unzuständigkeit) von dem erstinstanzlichen Gericht Folge gegeben werden oder nicht, gegen die von letzterem und dem Untersuchungsrichter bei demselben ergehende Entscheidung bei dem zuständigen Gericht 2. Instanz Berufung einlegen und das Angehen des Revisionsgerichts ist erst zulässig, wenn gegen die Entscheidung des Gerichts 2. Instanz Revision angemeldet werden soll.

§ 432. Wenn das Verfahren wegen einer strafbaren Handlung und einer anderen mit derselben in Verbindung stehenden Straftat vor zwei Gerichten 1. Instanz oder 2 Untersuchungsrichtern bei verschiedenen Gerichten 1. Instanz, die innerhalb des Jurisdiktionsbezirkes eines und desselben Gerichts 2. Instanz liegen, schwebt, so bestimmt das letztere die zuständige Stelle. Gegen die Entscheidung des Gerichts 2. Instanz ist Revision zulässig.

§ 433. Der Nebenkläger, Angeschuldigte bezw. Angeklagte sind zu einer Geldstrafe bis zu 20 Pfund zu verurteilen, deren Hälfte der anderen Partei gegeben wird, wenn sie mit ihren Anträgen auf Festsetzung eines zuständigen Gerichts abgewiesen werden.

II. Teil.

Verweisung eines Prozesses von dem zuständigen Gericht vor ein anderes.

§ 434. Das Revisionsgericht kann auf Antrag des Oberstaatsanwalts Prozesse über Strafsachen aller Art von dem zuständigen Gericht und Untersuchungsrichter vor ein Gericht und einen Untersuchungsrichter gleichen Grades verweisen, wenn dies im Interesse der öffentlichen Sicherheit oder aus gesetzlichen Verdachtsgründen (bzgl. der Zuverlässigkeit des Gerichts) geboten erscheint. Die Verweisung kann auch von den Parteien beantragt werden, aber nur wegen gesetzlicher Verdachtsgründe.

§ 435. Wird die Verweisung von einer Partei beantragt, während die Sache schon mit ihrem Einverständnis verhandelt wird, so müssen die dafür vorgebrachten Verdachtsgründe nachträglich zum Vorschein gekommen sein.

§ 436. Die Staatsanwälte können die Verweisung vor ein anderes Gericht aus den gesetzlichen Gründen direkt beim Revisionsgericht beantragen. Geschieht dies indessen aus Gründen der öffentlichen

Sicherheit, so sind die Akten nebst der Begründung behufs Überleitung an das Revisionsgericht dem Justizminister vorzulegen.

§ 437. Gemäfs § 420 wird von der Abteilung für Strafsachen bei dem Revisionsgericht nach Prüfung der Akten und der Begründung des Antrages entweder endgültig über den letzteren entschieden oder die Zustellung der Akten an die Parteien angeordnet. Im Falle der endgültigen Entscheidung ist Beschwerde zulässig.

§ 438. Entscheidet das Revisionsgericht über einen von dem Angeschuldigten bezw. Angeklagten oder dem Nebenkläger eingebrachten Verweisungsantrag nicht sofort, so gibt es das Gesuch nebst seinem Beschlufs dem Staatsanwalt oder Untersuchungsrichter bei dem Gericht, vor dem die Sache schwebt, weiter, ersucht diese um Einsendung der Akten und Äufserung ihrer näher zu begründenden Ansicht über den Verweisungsantrag. Eventuell ist in dem Beschlufs der Befehl, die Akten auch der Partei zuzustellen, mit aufzunehmen.

§ 439. Entscheidet das Revisionsgericht über einen von dem Staatsanwalt gestellten Verweisungsantrag nicht endgültig, so kann es die Zustellung des Antrages an die Parteien anordnen oder sonst geeignet erscheinende Mafsregeln ergreifen.

§ 440. Erkennt das Revisionsgericht auf Verweisung, so ist das Urteil durch Vermittlung des Oberstaatsanwaltes oder Justizministers dem Staatsanwalt oder Untersuchungsrichter bei dem Gericht, dem die Sache abgenommen wird, dem Nebenkläger und Angeschuldigten bezw. Angeklagten in Person oder an dem gewählten Zustellungswohnsitz zuzustellen.

§ 441. Die gegen die Entscheidung eingebrachte Beschwerde wird zugelassen, wenn sie den Bestimmungen des § 425 entspricht.

§ 442. Wird der Beschwerde Folge gegeben, so sind die schwebenden Verhandlungen gemäfs § 423 einstweilen zu unterbrechen.

§ 443. Die §§ 417, 422, 423, 426—430, 433 über die Bestimmung des zuständigen Gerichts gelten in gleicher Weise für die Verweisung eines Prozesses.

§ 444. Die Zurückweisung eines Verweisungsantrages bildet kein Hindernis für ein neues Verweisungsgesuch, wenn die Gründe dafür nachträglich zum Vorschein kommen.

VI. Abschnitt.

Einige Bestimmungen allgemeiner Ordnung und öffentlicher Sicherheit.

I. Teil.

Registrierung und Verwahrung von Akten.

§ 445. Die Gerichtschreiber bei sämtlichen Gerichten haben Name, Zuname, Alter, Gewerbe und Wohnort verurteilter Personen dem Alphabet nach in ein besonderes Register einzutragen und daneben kurz den Gegenstand der Prozesse und die Urteilsgründe zu vermerken. Jede Ungenauigkeit in dieser Beziehung wird mit je 2 Pfund Geldstrafe geahndet.

§ 446. Die Gerichtschreiber haben dem Justiz- und Polizeiminister je eine Abschrift des in Gemäſsheit des vorigen Paragraphen geführten Registers zu übersenden. Im Unterlassungsfalle trifft sie eine Geldstrafe von 4 Pfund.

§ 447. Das Justiz- und Polizeiministerium haben ein Generalregister zu führen, in das die in Gemäſsheit des vorigen Paragraphen erteilten Abschriften einzutragen sind.

II. Teil.

Die Gefängnisse.

§ 448. Auſser den Strafgefängnissen soll bei jedem Strafgericht ein Gerichtsgefängnis vorhanden sein.

§ 449. Die Gerichtsgefängnisse sind von den Strafgefängnissen vollständig getrennt.

§ 450. Die Beamten des Staates haben dafür Sorge zu tragen, daſs die Gefängnisse in sicherem und sauberem und die Gesundheit nicht zerstörendem Zustande gehalten werden.

§ 451. Die Gefängniswärter werden vom Staat ernannt.

§ 452. Die Gefängniswärter haben ein Register zu führen. Das Register des Gerichtsgefängnisses ist Seite für Seite von dem Präsidenten des zuständigen Gerichts, dasjenige des Strafgefängnisses von dem obersten Verwaltungsbeamten — Vali, Mutessarrif oder Kaimmakam — zu unterzeichnen.

§ 453. Die zur Ausführung von Haftbefehlen und Vollstreckung von Urteilen berufenen Beamten haben, bevor sie eine Person in das Gerichts- oder Strafgefängnis einliefern, die von ihnen auszuführenden Befehle in ein besonderes Register eintragen. Der Ablieferungsschein ist vor ihnen auszustellen und sowohl von ihnen selbst wie von den Gefängniswärtern zu unterschreiben. Die letzteren haben ihnen auſserdem von dem Ablieferungsschein eine Abschrift auszuhändigen.

§ 454. Die Gefängniswärter dürfen ohne Vorzeigung eines in gesetzlicher Form von einem Gericht ergangenen Haftbefehls, Anklagebeschluſses oder Urteils, und ohne daſs die Eintragung dieser in die besonderen Register stattgefunden hat, niemanden annehmen und inhaftieren, widrigenfalls sie mit denselben Strafen belegt werden, wie diejenigen, die sich einer widerrechtlichen Freiheitsberaubung schuldig machen.

§ 455. In den Gefängnislisten ist das Datum der Einlieferung der Inhaftierten anzugeben. Bei der Haftentlassung ist das Datum derselben und die darauf bezüglichen Befehle, Urteile und Bestimmungen am Rande zu vermerken.

§ 456. Die Untersuchungsrichter haben mindestens in jedem Monat einmal, Gerichtspräsidenten alle drei Monate einmal die in den Gerichtsgefängnissen Inhaftierten aufzusuchen, ebenso haben die Regierungsbeamten je nach Bedürfnis die Gerichts- und Strafgefängnisse zu besichtigen.

§ 457. Der Polizeiminister in Konstantinopel und die Generalgouverneure (Vali) in den Provinzen haben darüber zu wachen, dafs Speisen und Getränke der Gefangenen gesund und ausreichend sind, und in den Gefängnissen Ordnung herrscht. Jedoch können die Präsidenten der Strafgerichte und die Untersuchungsrichter den Wärtern der Gefängnisse, die in dem Gerichtsbezirk liegen, alle für die Untersuchung und das Verfahren erforderlichen Handlungen vorzunehmen beauftragen. Hält der Untersuchungsrichter Absonderung eines Untersuchungsgefangenen von den anderen für notwendig, so hat er dem Wärter einen schriftlichen Befehl zu geben, der in das Gefängnisregister eingetragen werden mufs. Obwohl die Absonderung wiederholt angeordnet werden kann, so soll die Verlängerung eines solchen Befehls mit einem Mal 10 Tage nicht übersteigen. Von der Anordnung der Absonderung mufs der Untersuchungsrichter dem Staatsanwalt Kenntnis geben.

§ 458. Läfst sich ein Gefangener zu Drohungen, Beleidigungen oder Gewalttätigkeiten gegen die Gefängniswärter und -Beamten, sowie gegen seine Mitgefangenen hinreifsen, so wird er auf besonderen Befehl in Einzelhaft gesetzt, und wenn er besonders heftig und gewalttätig war, kann er in Eisen gelegt werden. Das wegen seines Verhaltens sonst einzuleitende Verfahren wird indessen hierdurch nicht beeinflufst.

III. Teil.

Ungesetzliche Verhaftung und Sicherung der persönlichen Freiheit.

§ 459. Wer erfährt, dafs jemand an einem anderen Ort als in einem staatlichen Gefängnis in Haft behalten wird, hat unverweilt dem Staatsanwalt, dem Untersuchungsrichter, der Polizei oder dem Oberstaatsanwalt Mitteilung zu machen.

§ 460. Die in dem vorigen Paragraphen angegebenen Personen haben sich unmittelbar nach Kenntnisnahme an den Ort der Inhaftierung zu begeben und die Freilassung des Inhaftierten zu veranlassen. Wird ein gesetzlicher Grund für die Verhaftung angegeben, so ist der Schuldige sofort dem zuständigen Gericht vorzuführen. Wer diesen Vorschriften nicht nachkommt, wird behandelt wie diejenigen, die sich ungerechtfertigter Freiheitsberaubung schuldig machen, und strafrechtlich verfolgt. Über das Vorgefallene ist ein Protokoll aufzunehmen.

§ 461. Die angegebenen Amtspersonen können nötigenfalls die in § 90 erwähnten Befehle erteilen und zur Beseitigung ihnen entgegengestellten Widerstandes bewaffnete Gewalt requirieren. Endlich ist jeder, der darum angegangen wird, zur Hilfeleistung verpflichtet.

§ 462. Die Gefängniswärter, die den zur Beaufsichtigung der Gefängnisse berufenen Organen einen Gefangenen nicht zeigen, ohne sich auf einen dahingehenden Befehl berufen zu können, die Register nicht vorlegen oder Abschriften daraus nicht nehmen lassen, werden wie diejenigen behandelt, die sich ungerechtfertigter Freiheitsberaubung schuldig machen oder dazu Beihilfe leisten und strafrechtlich verfolgt.

IV. Teil.

Die Wiederverleihung aberkannter Rechte.

§ 463. Wenn die zu entehrenden und abschreckenden Strafen Verurteilten ihre Strafe abgesesen haben oder begnadigt worden sind, so können sie in die aberkannten Rechte wieder eingesetzt werden.

§ 464. Die zu entehrenden Strafen Verurteilten können 5 Jahre nach ihrer Freilassung den Antrag auf Wiedereinsetzung in die aberkannten Rechte stellen. Für diejenigen, denen die bürgerlichen Ehrenrechte aberkannt sind, wird diese Frist von dem Tage an gerechnet, an dem das gegen sie ergangene Urteil unabänderlich geworden ist; für die zu Gefängnis Verurteilten vom Tage des Ablaufs der Gefängnisstrafe; für diejenigen endlich, die nur unter Polizeiaufsicht gestellt sind, vom Tage an, wo das sie dazu verurteilende Erkenntnis unabänderlich geworden ist. Für die zu abschreckenden Strafen Verurteilten beträgt die Frist 3 Jahre.

§ 465. Zu entehrenden Strafen Verurteilte müssen, um einen Antrag auf Wiederverleihung aberkannter Rechte stellen zu können, 5 Jahre hintereinander innerhalb eines und desselben Kasas, und die letzten 2 Jahre davon in einem und demselben Dorfe und seiner Umgebung zugebracht haben. Die zu abschreckenden Strafen Verurteilten müssen 3 Jahre hintereinander in einem und demselben Kasa und die beiden letzten davon in einem und demselben Dorf oder seiner Umgebung verbracht haben, um den Antrag stellen zu können.

§ 466. Die Antragsteller haben in ihren dem Staatsanwalt des Kasas, in dem sie wohnen, zu überreichenden Gesuchen anzugeben: das Datum ihrer Verurteilung, ihren Wohnort seit Entlassung aus dem Gefängnis und, wenn mehr Zeit als die in § 464 vorgeschriebene Frist vergangen ist, den Aufenthaltsort während derselben.

§ 467. Wer einen Antrag auf Wiederverleihung aberkannter Rechte stellt, hat, wenn er zu den Gerichtskosten, einer Geldstrafe oder Entschädigung verurteilt ist, nachzuweisen, dafs er die betreffenden Beträge gezahlt hat, von der Bezahlung entbunden worden, die für den Fall der Nichtbeitreibung an ihrer Stelle erkannte Freiheitsstrafe verbüfst ist oder dafs die Geschädigten auf Verbüfsung derselben nicht bestanden haben. Hatte der Antragsteller sich des betrügerischen Bankerutts schuldig gemacht, so ist der Nachweis zu führen, dafs er seine Passiva nebst Zinsen, sowie andere Kosten bezahlt hat oder davon entbunden worden ist.

§ 468. Nach Eingang des Gesuchs hat der Staatsanwalt des Kasas durch Vermittlung der Verwaltungsbehörde von dem Bürgermeisteramt des Ortes, an dem der Gesuchsteller wohnt, über diesen eine Bescheinigung einzufordern. Darin ist anzugeben: 1. der Zeitraum des Aufenthalts des Verurteilten in jedem Dorf und Umgebung, nach Anfang und Ende; 2. seine Führung während desselben; 3. wovon er gelebt hat. In der Bescheinigung ist endlich zu vermerken, dafs sie zur Unterstützung des Gesuches erteilt worden ist. Ferner hat der Staatsanwalt die Ansicht des Ältesten-Kollegiums des Ortes, an dem sich der Gesuchsteller aufgehalten hat, einzuholen.

§ 469. Der Staatsanwalt hat weiter einer Abschrift des gegen den Gesuchsteller ergangenen Urteils und einen Auszug aus dem Gefängnisregister über die Führung desselben während seiner Gefängnishaft einzufordern. Diese Schriftstücke hat er mit seiner Äufserung dem Staatsanwalt bei dem Liwa-Gericht einzureichen.

§ 470. Die Gesuche auf Wiederverleihung aberkannter Rechte sind von dem Staatsanwalt bei dem Gericht 1. Instanz des Liwas behufs Weitergabe an das Gericht des Wohnsitzes des Verurteilten der Gerichtsschreiberei nebst allen Akten zu übergeben.

§ 471. Diese Akten sind binnen 2 Monaten vom Tage ihres Eingangs bei der Gerichtsschreiberei des Gerichts 1. Instanz des Liwas der Anklagekammer vorzulegen. Der Staatsanwalt hat seine Anträge schriftlich und mit seiner Begründung einzureichen. Das Gericht kann von Amtswegen oder auf Antrag des Staatsanwalts in jedem Stadium des Prozesses eine neue Untersuchung anordnen. Jedoch darf dadurch ein Aufschub von höchstens 6 Monaten eintreten.

§ 472. Das Gericht fällt nach Anhörung des Staatsanwalts seine Entscheidung.

§ 473. Spricht sich das Gericht gegen die Annahme des Antrages auf Wiederverleihung der aberkannten Rechte aus, so darf dieser vor Ablauf von 6 Monaten vom Datum desselben nicht wiederholt werden.

§ 474. Die die Annahme des Gesuchs aussprechende Entscheidung des Gerichts ist unverweilt durch Vermittlung des Staatsanwalts nebst allen Akten dem Justizminister zu übersenden. Dieser kann auch die Meinung des Gerichts, das den Gesuchsteller s. Z. verurteilt hat, einholen.

§ 475. Nach Erfüllung der im vorigen Paragraphen vorgeschriebenen Formalitäten ist durch Takrir (Bericht) des Justizministers die grofsherrliche Sanktion zu beantragen.

§ 476. Nach Annahme des Gesuchs gemäfs den Bestimmungen der vorigen Paragraphen wird die Wiederverleihung der aberkannten Rechte durch Bujuruldu (kaiserliche Sanktion) ausgesprochen.

§ 477. Das Bujuruldu wird dem Gericht, das gemäfs § 470 über das Gesuch entschieden hat, sowie eine beglaubigte Abschrift dem Gericht, das den Gesuchsteller verurteilt hatte, behufs Vermerk am Rande des Urteilsentwurfs, übersandt.

§ 478. Die Entscheidung auf Wiederverleihung der aberkannten Rechte stellt die mit der Verurteilung für die Zukunft fortgefallenen Rechte des Verurteilten wieder her. Die Wiedererlangung der aberkannten Rechte in Gemäfsheit der Bestimmungen der vorigen Paragraphen hebt die Bestimmungen des § 313 des Handelsgesetzbuches auf. Die zu wiederholten Malen zu entehrenden Strafen Verurteilten können nach einer zweiten Verurteilung die Wiederverleihung der aberkannten Rechte nicht erlangen.

V. Teil.

Die Verjährung.

§ 479. Die wegen Verbrechen erkannten Strafen verjähren in 20 Jahren vom Datum des Urteils an gerechnet. Jedoch dürfen die Verbrecher, deren Strafe verjährt ist, nicht innerhalb des Regierungsbezirks wohnen, in dem die Personen oder deren Eltern und Kinder wohnhaft sind, gegen deren Person oder Vermögen sich ihr Verbrechen gerichtet hatte. Den Wohnsitz solcher Verbrecher bestimmt die Behörde.

§ 480. Die wegen Vergehen erkannten Strafen verjähren in 5 Jahren gerechnet vom Datum des in letzter Instanz erlassenen Urteils, bezw. bei Urteilen der Gerichte 1. Instanz vom Datum der Rechtskräftigkeit derselben.

§ 481. Die Strafverfolgung verjährt bei Verbrechen, welche mit Todesstrafe oder lebenslänglichen oder zeitlichen entehrenden Strafen bedroht sind, 10 Jahre von der Begehung des Verbrechens an gerechnet, vorausgesetzt, dafs während dieser Frist kein Verfahren eingeleitet und keine Untersuchung vorgenommen worden ist. Mit der Strafverfolgung verjähren alle Zivilansprüche aus dem Verbrechen. Die Anhängigmachung des Verfahrens und die Vornahme von Untersuchungshandlungen unterbricht die Verjährung. Diese beginnt vom Datum der letzten derartigen Handlung von neuem zu laufen.

§ 482. In den beiden Fällen des vorigen Paragraphen verjährt die Strafverfolgung und diejenige von Zivilansprüchen, wenn es sich um Straftaten handelt, die mit abschreckenden Strafen bedroht sind, in 3 Jahren, die gemäfs den Bestimmungen des vorigen Paragraphen gerechnet werden.

§ 483. Die Strafverfolgung verjährt bei Übertretungen in zwei Jahren. Die Frist wird ebenso gerechnet wie bei Vergehen gemäfs § 480.

§ 484. Ergeht ein Jahr nach dem Vorkommen einer Übertretung kein Urteil, so tritt Verjährung der Strafverfolgung und derjenigen der Zivilansprüche ein, selbst wenn Untersuchungshandlungen und Beschlagnahmungen stattgefunden haben und das Verfahren eingeleitet worden ist. Derselbe Erfolg tritt ein, wenn ein Urteil mit der Mafsgabe, dafs Berufung eingelegt werden kann, ergangen, letztere eingelegt worden ist und 1 Jahr seit Zustellung der Berufungsschrift vergangen ist.

§ 485. Stellen sich im Versäumnisverfahren verurteilte Personen nach Eintritt der Verjährung der Strafvollstreckung den Gerichten, so dürfen sie von diesen nicht angenommen werden.

§ 486. Urteile bezüglich der Zivilansprüche, die infolge einer strafbaren Handlung geltend gemacht werden, verjähren in 15 Jahren vom Datum ihrer Unwiderruflichkeit an.

§ 487. Die Bestimmungen dieses Teiles berühren in keiner Weise die Spezialgesetze, welche die Verjährungsfristen einzelner Prozesse wegen gewisser Vergehen und Übertretungen anders festsetzen.

Druck von Leonhard Simion Nf. in Berlin SW.

No. 13. **Strafprozefs-Ordnung für das Königreich Ungarn.** Sanktionirt am 4. Dezember 1896. 3 M.

No. 14. **Vorentwurf zu einem Strafgesetzbuch für das kaiserlich japanische Reich.** Übersetzt von Assataro Okado, Assistent der juristischen Fakultät an der Universität Tokyo. 1 M. 50 Pf.

No. 15. **Strafgesetzbuch der Republik Chile.** Amtliche Ausgabe. Übersetzt v. Alfredo Hartwig, Rechtskandidaten in Jena. 3 M.

No. 16. **Allgemeines Bürgerliches Strafgesetzbuch für das Königreich Dänemark** vom 10. Februar 1866 sowie Gesetz, betreffend die Behandlung einiger im allgemeinen Bürgerlichen Strafgesetzbuch behandelter Verbrechen und Gesetz über Gewalt gegen schuldlose Personen vom 11. Mai 1897. Übersetzt von Dr. jur. Hans Bittl, Rechtspraktikant. 1 M. 60 Pf.

No. 17. **Die Bulgarische Strafprozefsordnung** vom 3. April 1897. Übersetzt von Dr. A. Teichmann, ord. Professor an der Universität Basel. 2 M. 25 Pf

No. 18. **Die Norwegische Strafgesetzgebung** des Jahres 1902. 1. Militärstrafgesetz vom 22. Mai 1902. 2. Gesetz über das gerichtliche Verfahren in Militärstrafsachen vom 22. Mai 1902. 3. Gesetz vom 22. Mai 1902, enthaltend Änderungen im Gesetz über das gerichtliche Verfahren in Strafsachen vom 1. Juli 1887 (samt den seitherigen Änderungen). Übersetzt von Dr. A. Teichmann, ord. Professor an der Universität Basel. 2 M. 50 Pf.

No. 19. **Das Portugiesische Strafgesetzbuch.** Übersetzt von F. Zander. 3 M.

No. 20. **Allgemeines bürgerl. Strafgesetz für das Königreich Norwegen** vom 22. Mai 1902. Übersetzt von Dr. Ernst Heinrich Rosenfeld, o. ö. Professor in Münster i. W. und Andreas Urbye, Staatsanwalt in Tromsö, tit. Professor in Kristiania. 2 M. 50 Pf.

Lehrbuch des Deutschen Strafrechts.

Von

Dr. Franz v. Liszt,

ord. Professor der Rechte an der Universität in Berlin.

Zwölfte und dreizehnte durchgearbeitete Auflage.

gr. 8⁰. Preis 10 Mk., gebunden in Halbfranz 12 Mk.

Druck von Leonhard Simion Nf. in Berlin SW.

FSC
www.fsc.org
MIX
Papier | Fördert gute Waldnutzung
FSC® C083411

Kolibri 360 GmbH
Ferdinand-Jühlke-Straße 7
99095 Erfurt, Deutschland
produktsicherheit@kolibri360.de